図解

空調設備の
基礎

オール
カラー

山田信亮＋打矢瀅二＋今野祐二＋加藤 諭●著 菊地 至●イラスト

ナツメ社

　建築物の設計や工事は、**意匠**、**構造**、**設備**の３つの分野の協力によって進められていきます。人間にたとえると、**意匠**は顔や皮膚などの外観であり、**構造**は骨格であり、**設備**は心臓や内臓、動脈静脈および神経であるといえるでしょう。人間に臓器や血管、神経が必要なように、建築物にも建築設備が不可欠なのです。

　本書のテーマである**空調設備**は、建築設備の重要な１分野で、空調とは空気調和の略で、快適な温度・湿度を保ち、風の気流を調整したり、空気の清浄を行なうものです。

　昔の人は自然な風や団扇を利用し、よく行水といって盥という桶に井戸水を汲んで水浴びをして涼んでいました。また、昭和の時代には、扇風機が主流でした。21世紀の現在は、社会のニーズの多様化によって、建築技術と共に建築設備の技術も著しく進化してきました。また、地球温暖化による気温の上昇などもあり、空調がなければ生活できなくなってしまいました。

　本書は2009年に初版が発行され、多くの方々にご愛読いただきました。初版の発行以降、今日まで気候や社会環境が変化し、そしてそれにともない技術も発展しました。それらに対応すべく、内容を見直し、全編をオールカラーとして改訂版を発行することになりました。

　本書では、**空調**について次のように、①空気調和設備の概要、②空気調和設備の主要機器、③空気調和設備の付属機器・装置、④直接暖房から地球環境へ、⑤換気・排煙設備、⑥空気調和設備の設計、と細分化し、わかりやすく説明しています。特に、どのようにして空調機などの機器が決定されているかについて、やさしく、かつ詳細に説明しています。

　本書は、技術者のみならず一般の方々にも読んで頂きたく思い、わかりやすく書いたつもりです。よって、一般の方々の空調に関する疑問の解決に役立つことを願っています。また、建築系・設備系には多くの資格があります。それらの資格にチャレンジする方々の夢を実現するために、出題傾向の高いテーマに的を絞り解説をしていますので、１人でも多くの方が資格を取得され、社会で活躍されることを期待しています。

　最後に、本書の執筆にあたり、諸先生方の文献、資料を参考にさせていただきましたことを、紙上を借りてお礼申し上げます。また、編集協力者の持丸潤子氏に並々ならぬご協力とご援助をいただきましたことを厚くお礼申し上げます。

2024年4月

著者しるす

左と右の2ページで1つの項目について説明しています。左のページでは、要点を絞って文章で解説しています。まずはこのページを読んで全体を理解しましょう。

> このページで解説している内容とその概要を示しています。

> 各項目のキーワードを示しています。

> 各項目の内容を簡潔に示しています。

> 重要な用語を太字で強調して示しています。資格試験などにもよく出る用語ですので、理解しておきましょう。

> とくに大切な内容には黄色いアンダーラインをひいています。

10　室内に影響する熱

熱の伝わり方 ▶▶ 伝導・対流・放射

熱は、高い温度から低い温度へ移動します。そのため熱は、夏には室内に侵入し（**熱取得**）、冬には室外に逃げます（**熱損失**）。また、高い温度は上へ向かって、低い温度は下へ移動します。熱の伝わり方には、**伝導・対流・放射**の3つがあり、一般に物体間の伝熱は、それぞれ単独で起こることは少なく、互いに相乗しています。伝導とは、固体内部において、高温部から低温部へ熱が伝わる現象をいいます。対流とは、温度による密度差によって熱が移動して伝わる現象をいいます。対流は、空気や水のような媒体がないと生じません。放射（輻射）とは、その物質が持つ熱エネルギーを電磁波（可視光線や赤外線など）という形態で周囲に放出する現象をいいます。

熱の移動 ▶▶ 熱伝達→熱伝導→熱伝達

熱が移動する際、熱伝達→熱伝導→熱伝達の3過程を経る伝熱を**熱貫流**といいます。熱伝達とは、熱が空気（気体）から壁体（物体・固体）の表面へ伝わり、さらに壁体の表面から空気へと伝わっていくことです。熱伝導とは、熱が壁体（物体・固体）の内部をじわじわと伝わっていくことです。熱貫流は、壁体の一方の空気から反対側の空気へ熱が伝わる過程のことで、熱通過ともいいます。

材料の熱の伝わりやすさの程度を表したものを**熱伝導率**λ〔W/（m・K）〕といい、距離（壁体、材料の厚さ）に関係します。その熱伝導率の逆数（**熱伝導比抵抗**〔(m・K)/W〕）に壁体（材料）などの厚さを掛けたものを**熱伝導抵抗**〔(m²・K)/W〕といいます（熱伝導比抵抗〔(m・K)/W〕×壁体の厚さ（m）＝熱伝導抵抗〔(m²・K)/W〕）。熱伝導抵抗は壁の熱の伝えにくさを表し、一般的にこれを**熱抵抗**といっています。また、空気から壁体、壁体から空気への熱の伝達しやすさを**熱伝達率**α〔W/（m²・K）〕といい、壁の面積に関係してきます。この逆数を**熱伝達抵抗**〔(m²・K)/W〕といっています。**熱貫流率**U〔W/（m²・K）〕は壁体の熱の流れやすさを示した値で、次式によって求めることができます。

$$U = \cfrac{1}{\cfrac{1}{\alpha_o} + \Sigma\cfrac{t}{\lambda} + \cfrac{1}{\alpha_i}} \qquad\qquad (1-10-1)$$

ここに、U：熱貫流率〔W/（m²・K）〕、α_o：外気側熱伝達率〔W/(m²・K)〕（＝23）、α_i：室内側熱伝達率〔W/(m²・K)〕（＝9）、t：材料の厚さ〔m〕、λ：材料の熱伝導率〔W/(m・K)〕

また、熱貫流率の逆数を**熱貫流抵抗**〔(m²・K)/W〕といいます。なお、第6章「空気調和設備の設計」で各構造物（外壁など）における熱貫流率の計算を示しています。

32

右のページでは、左のページの解説の中でとくに大切な事項や、文章だけではわかりにくいことを図を用いて説明しています。

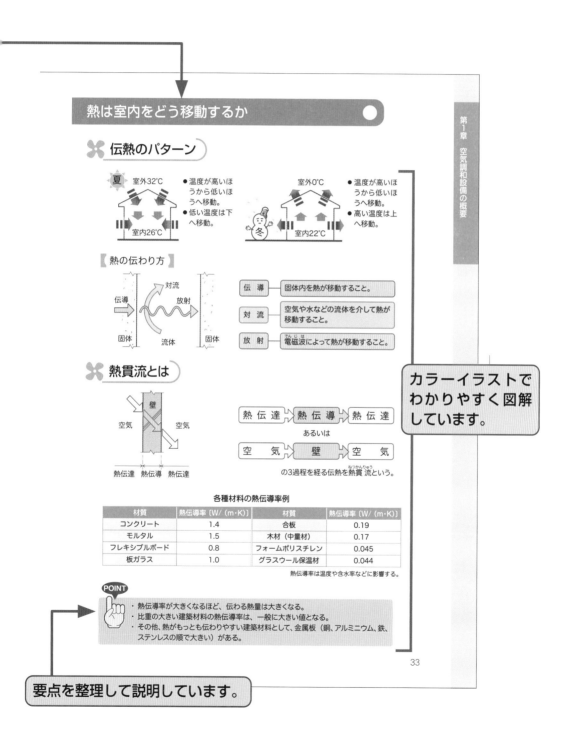

熱は室内をどう移動するか

伝熱のパターン

夏　室外32℃
● 温度が高いほうから低いほうへ移動。
● 低い温度は下へ移動。
室内26℃

室外0℃
● 温度が高いほうから低いほうへ移動。
● 高い温度は上へ移動。
冬　室内22℃

【 熱の伝わり方 】

対流
伝導　　放射
固体　　流体　　固体

伝 導	固体内を熱が移動すること。
対 流	空気や水などの流体を介して熱が移動すること。
放 射	電磁波によって熱が移動すること。

熱貫流とは

壁
空気　　　　空気
熱伝達　熱伝導　熱伝達

熱 伝 達 → 熱 伝 導 → 熱 伝 達
あるいは
空 気 → 壁 → 空 気
の3過程を経る伝熱を熱貫流という。

各種材料の熱伝導率例

材質	熱伝導率〔W/ (m·K)〕	材質	熱伝導率〔W/ (m·K)〕
コンクリート	1.4	合板	0.19
モルタル	1.5	木材（中量材）	0.17
フレキシブルボード	0.8	フォームポリスチレン	0.045
板ガラス	1.0	グラスウール保温材	0.044

熱伝導率は温度や含水率などに影響する。

POINT

・熱伝導率が大きくなるほど、伝わる熱量は大きくなる。
・比重の大きい建築材料の熱伝導率は、一般に大きい値となる。
・その他、熱がもっとも伝わりやすい建築材料として、金属板（銅、アルミニウム、鉄、ステンレスの順で大きい）がある。

カラーイラストでわかりやすく図解しています。

要点を整理して説明しています。

目　次

第1章　空気調和設備の概要

第2章 空気調和設備の主要機器

第3章 空気調和設備の付属機器・装置

第4章　直接暖房から地球環境へ

第5章 換気・排煙設備

第6章 空気調和設備の設計

空気調和設備の概要

空気調和（空調）とは、空気の温度や湿度、気流を調整し、空気を清浄にすることにより、室内の空気を適当な条件に保つことです。室内の空気調和には、気候や室内外の空気の状態、室内環境などが影響するので、それらの条件を把握しなくてはなりません。この章では、空気の性質から、空気調和に必要な条件、湿り空気線図の読み方、空気調和の方式について説明します。

1 空気調和とは

▌ 空気は何でできているのか ▶ ▶ 空気の成分

　皆さんは、大気中の酸素（O_2）を吸って二酸化炭素（CO_2＝炭酸ガス）を吐いて生きているということはご存知でしょう。しかし、空気が酸素を含め次の成分から成り立っていることを知っている方は少ないかもしれません。空気の成分は、**窒素**（N_2）が一番多く容積比で約78.06％、次に**酸素**（O_2）20.95％、続いて一挙に減ってアルゴン（Ar）0.93％、さらに二酸化炭素（CO_2）0.03％があり、その他、ネオン、ヘリウム、メタン、クリプトン、一酸化二窒素、水素、キセノン、オゾンなどが含まれています。

　これらの成分のバランスがとれていれば快適に過ごせますが、極端にバランスが崩れると、生きられなくなります。人間は、呼吸作用によって肺の中に空気を送り込み、血液中にO_2を吸収させます。それと同時にCO_2を放出します。また、火を使って調理すると、O_2を使いCO_2を放出します。閉めきった部屋で燃焼器具を長時間使用していると不完全燃焼となり、無色無臭の有害ガスである**一酸化炭素**（CO）が発生し、**一酸化炭素中毒**を起こす危険性があるので注意が必要です。なお、COの一部は、すぐにO_2と結合してCO_2になります。CO_2は、人間のみならずいろいろなところから発生・排出されています。このようなことから、室内空気汚染の程度は、CO_2の濃度を目安にしています。

▌ 空気を調和するということ ▶ ▶ 空気調和の4要素

　空気を調和するということは、①**温度の調整**（空気の加熱、冷却をする）、②**湿度の調整**（加湿、除湿をする）、③**気流の調整**（気流の速度・分布を調整する）、④**空気の清浄**（塵埃・細菌・有害ガス・臭気の除去をする）を行ない、空気を適当な条件に保つように人工的に調整することをいいます。

　空気の加熱、冷却をするということは、**顕熱**の加減（温度を変化させる）を行なうことです。顕熱とは、ある物体に熱を加えたり、または物体から熱を奪ったりして、その物体の温度が変わるときの熱をいいます。

　空気の加湿、除湿をするということは、**潜熱**の加減（湿度を変化させる）を行なうことです。潜熱とは、物体に熱を加えたり、物体から熱を奪っても温度にはなんら関係なく一定の状態にある熱をいいます。

　気流の調整をするということは、気流の速度・方向・分布・気圧を調整することです。

　空気の清浄をするということは、塵埃・細菌の除去、ガス・臭気の希釈または除去をすることです。

快適な環境になるよう空気を調整する

✿ 空気のバランス

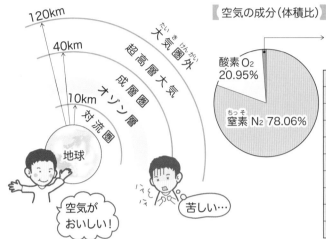

【空気の成分（体積比）】

→ 約1%の中にこれだけの成分が含まれる。

酸素 O_2 20.95%

窒素 N_2 78.06%

アルゴン	Ar	0.93%
二酸化炭素	CO_2	0.03%
ネオン	Ne	$1.8×10^{-3}$%
ヘリウム	He	$5.2×10^{-4}$%
メタン	CH_4	$2.0×10^{-4}$%
クリプトン	Kr	$1.0×10^{-4}$%
一酸化二窒素	N_2O	$5.0×10^{-5}$%
水素	H_2	$5.0×10^{-5}$%
キセノン	Xe	$8.0×10^{-6}$%
オゾン	O_3	$1.0×10^{-6}$%

120km　大気圏外
40km　超高層大気
　成層圏
　オゾン層
10km　対流圏
地球

空気がおいしい！

苦しい…

空気は大気中に含まれる地球の表面の気体。

✿ 空気調和には4つの要素がある

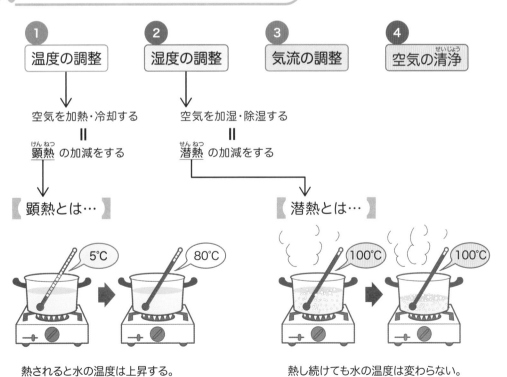

① 温度の調整

② 湿度の調整

③ 気流の調整

④ 空気の清浄（せいじょう）

空気を加熱・冷却する
＝
顕熱（けんねつ）の加減をする

空気を加湿・除湿する
＝
潜熱（せんねつ）の加減をする

【 顕熱とは… 】

5℃　→　80℃

熱されると水の温度は上昇する。
水は液体の状態のまま。

【 潜熱とは… 】

100℃　→　100℃

熱し続けても水の温度は変わらない。
液体から水蒸気に形が変化する。

15

2 屋外の気候

大気の温度 ▶▶ 屋外の気温

室内の環境を整えるには、屋外の気候（自然環境）を知らなければなりません。気候とは、大気の総合状態をいい、その状態を構成する要素として、気温・降水量・風などがあります。気候は、あらゆる生物に影響を与え、また、建築物にも影響を与えています。

気温を正確に計るためには、**百葉箱**（気象観測用のよろい戸で囲われ通風をよくした木の箱）に温度計や湿度計を入れ、地面から 1.2 〜 1.5m の高さにして、直射日光や地面からの輻射熱（放射熱）を避けて計ります。

最高気温と最低気温の差 ▶▶ 日較差と年較差

1 日のうち最高気温と最低気温の差を**日較差**といいます。また、年間を通しての最高気温と最低気温との差を**年較差**といいます。日本においては、日較差・年較差ともに大きいといえます。日較差は、晴天、低緯度、内陸、盆地などの環境では大きく、曇天、高緯度、沿岸地、平野部、高地などでは小さくなります。また、気温は一般的に、標高が上がるにつれて低くなり、100m 高くなるごとに 0.5℃程度低くなります。1 日の気温変化は、日の出直前がもっとも低く、午後 2 時頃がもっとも高くなり、1 日の平均気温は、だいたいその日の午前 9 時頃の気温にもっとも近いものになります。

各地の気温と湿度および寒さの目安 ▶▶ クリモグラフとデグリーデー

各地域の月別平均の気温と湿度の関係を 1 年間にわたって描いた図を**クリモグラフ**（気候図）といいます。このクリモグラフから、日本の夏は高温多湿であることがわかります。**デグリーデー**（度日）には暖房・冷房があり、**暖房デグリーデー**は、暖房用の燃料消費量に比例し、その場所での寒さの程度を表すもので、日平均気温が暖房設計室温以下になる日について、日平均気温と暖房設計室温との差を積算したものです。**冷房デグリーデー**は、その場所での暑さの程度を表すもので、日平均気温が冷房設計室温以上になる日について、日平均気温と冷房設計室温との差を積算したものです。

風の有効利用 ▶▶ 自然の風

風は、風向きによっては、夏は涼しくなったり、室内の自然換気ができたりするため、非常に有効視されています。季節風によって風向きが決まり、夏は南東風、冬は北西風がよく吹きます。ただし、地域によって異なります。また、昼と夜によって風向きが異なります。昼は、海風（海から陸へと吹く）や谷風（谷から山のほうへと吹く）が吹いていますが、夜は、陸風や山風が吹いてきます。

屋外の大気の状態を知る

屋外の気温を計る

【百葉箱（ひゃくようばこ）】

気象観測用の木箱。白ペンキ塗りのよろい戸の中に温度計や湿度計、気圧計などが納められる。

扉は北向きで、普段は閉められている。

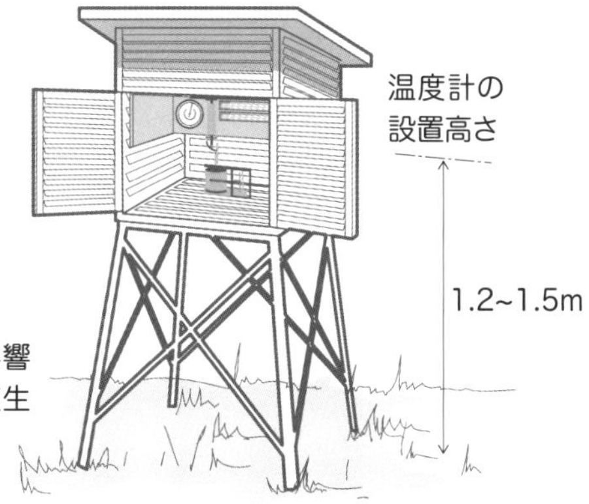
温度計の
設置高さ
1.2~1.5m

照り返しによる影響をおさえるため芝生の上に設置。

各地の気温・湿度の傾向

【クリモグラフ】

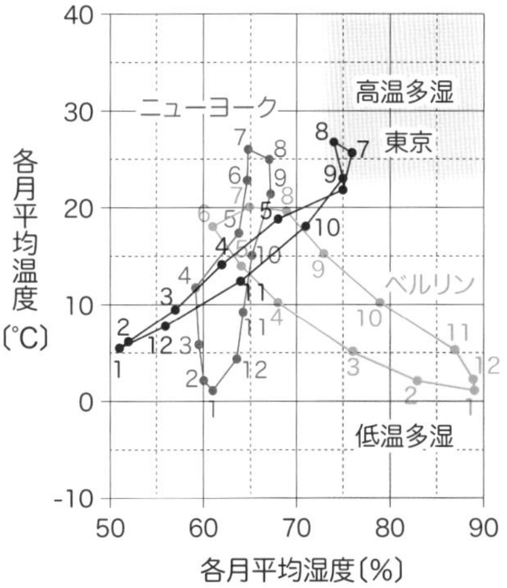
40
30
20
10
0
-10
50
60
70
80
90
各月平均温度(℃)
各月平均湿度(%)
高温多湿
低温多湿
ニューヨーク
東京
ベルリン

各地の各月の平均気温・湿度をグラフにし、1年間の推移を表したもの。

【デグリーデー】

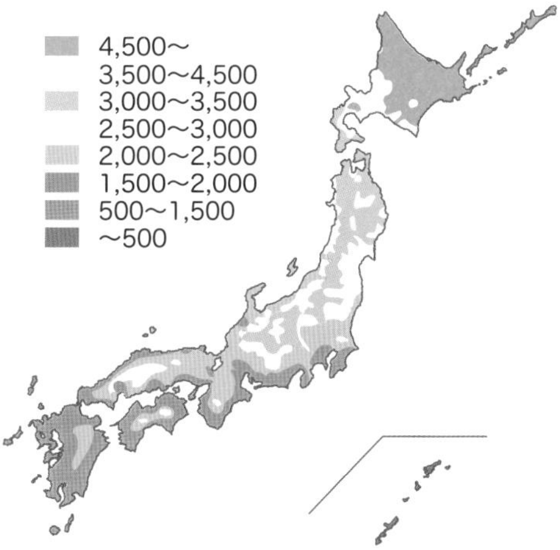
4,500～
3,500～4,500
3,000～3,500
2,500～3,000
2,000～2,500
1,500～2,000
500～1,500
～500

各地の寒さの目安を表す暖房デグリーデーの例。この図の場合、外気温が18℃以下になった日に、室温（暖房温度：18℃）と外気温の差を積算したもの。

風の影響

風は、うまく利用すれば室内の快適性が高まるが、時に大きな風圧力が発生するので、注意が必要。なお、10m/sの風は、傘がさせないほどの強さである。

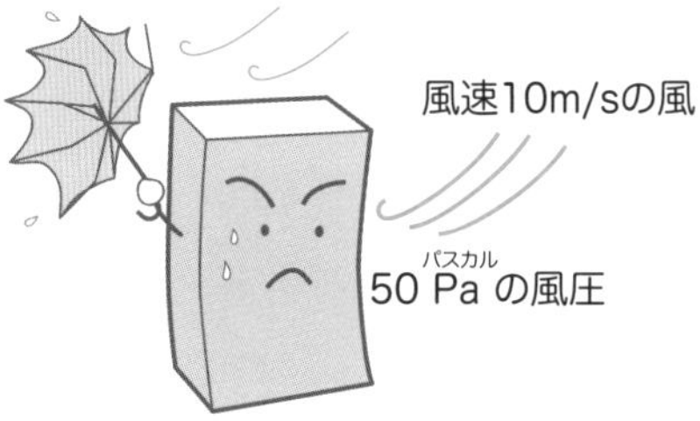
風速10m/sの風
50 Pa（パスカル）の風圧

1m²の壁面に10m/sの風が吹き付けると、風圧力は約50Paとなる。

3 室内の気候①

熱取得と熱損失とは ▶▶ 室内温度

　建築物は、人間が雨や風、暑さや寒さといった自然環境から身を守りながら、室内の気候（室温・湿度・気流・輻射などの室内環境）をより快適にするように工夫されています。

　一般的に、室内の気温は、主に外気温の影響を受けて変化します。壁体（建築物の壁）を通して、あるいは建具の隙間などからの熱の移動が多いと、夏期には熱気が室内に流入し（**熱取得**）、冬期には室内の熱が外部に流出します（**熱損失**）。また、室温を快適な状態に保つためには、壁・床・天井などの断熱性を高めて、熱の流出入を防止したり、開口部の隙間を少なくして、熱の損失を防ぎます。

除湿の必要性 ▶▶ 室内湿度

　現在のように、建物が密集し、鉄筋コンクリート造が多いという状況では、開口部を大きく取るといった昔ながらの方法での空調には、当然限界があるので、機械的な冷・暖房装置や除湿装置を利用することになります。冬期は、雪の降らない地域では一般的に外気は乾燥する傾向がありますが、室内では、調理、入浴、ストーブの燃焼によって水蒸気が発生し、寒さを防ぐために窓を閉め切ることで、室内に湿気がたまりやすくなっています。

不快感のない空調・換気を ▶▶ 室内気流

　空気の動き（気流）は、人体に大きく影響するものです。暖かい空気は軽いので上昇し、冷たい空気は重いので下降します。夏期では夕方窓を開け換気を行うと適度な気流ができ体感温度を下げてくれます。窓を閉め扇風機を使ったり、サーキュレーター（循環装置）で室内の空気を循環させたりするだけでも体感温度が多少下がり快適になります。

　換気や空調をするのに気をつけなければならないことは、気流の強さや吹出口からの風切り音、風の到達距離の不足による「不快感」などです。

人体の代謝 ▶▶ 基礎代謝量

　生体内に現れる物理的・化学的な変化（生命現象）を代謝といい、生命維持のために必要な最小限の代謝量を**基礎代謝量**といいます。

　代謝量を表す単位として **met（メット）** が使用され、人間（成人）の椅座安静状態における人体の単位体表面積当たりの代謝量を $58W/m^2 = 1met$ としています。

　また、衣服の熱絶縁性を示す単位で、**clo（クロ）** という単位があります。1 clo は、気温21℃、相対湿度50％、気流10cm/s以下の室内で、標準的スーツの上下を着た場合の熱抵抗（断熱値 $0.155m^2 K/W$）をいいます。

室内の温度・湿度を調整するには

室内・室外間の熱の移動

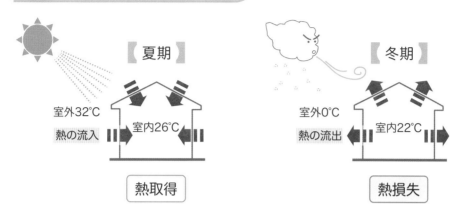

【夏期】

室外32℃
室内26℃
熱の流入

熱取得

【冬期】

室外0℃
室内22℃
熱の流出

熱損失

室内環境と代謝の関係

【 代謝量を表す単位 】

人体の代謝量は活動内容によって変化する。成人が静かに座っている状態での代謝量は58W/m²で、これを1met(メット)とする。

椅座安静時(いざ)
1met

歩行
3met

自転車
4met

ジョギング
7met

$$代謝量(met) = \frac{作業時の代謝量}{椅座安静時の代謝量}$$

【 着衣量を表す単位 】

気温21℃、湿度50%、気流10cm/sの大気中で椅座安静(1met)の状態で、快適と感じる衣服の熱絶縁値(ねつぜつえんち)を1clo(クロ)とする。

裸
0clo

半袖シャツ
0.6clo

標準的スーツ姿
1clo

4 室内の気候②

温度感覚の指標 ▶▶ 有効温度

　温度感覚の指標として、アメリカのヤグローらが**有効温度**（**ET**：Effective Temperature）というものを考案しました。これは、ある温度、湿度、気流（風速）《**温熱3要素**》の条件下で感じる温度感覚と同等と感じる、湿度100%で無風のときの温度をいいます。のちに、温度、湿度、気流および周壁面温度（放射＝輻射）《**温熱4要素**》の影響による体感を表した、**修正有効温度**（**CET**：Corrected Effective Temperature）が提案されました。さらには、快適条件は着衣状態と作業状態によって大きく異なってくるため、現実の環境条件にもっとも近づけて評価した温度、湿度、気流、輻射、人体の着衣量、代謝量《**温熱6要素**》の6つの要素を取り入れた**新有効温度**（**ET＊**：New Effective Temperature ＝イー・ティー・スター）が用いられていましたが、さらに、室内環境を評価するものとして、現在は、PMVやPPD、SET＊と呼ばれる指標が一般化しています。

　PMV（Predicted Mean Vote）は、**予想平均申告**といい、温熱6要素がどのような複合効果を持つかを評価する指標です。大多数の人が感じる温冷感を＋3から－3までの7段階の数値で表されます。

　PPD（Predicted Percentage of Dissatisfied）は、**予想不満足者率**といい、その環境の暑さ、寒さを不快に感ずる人の割合をいいます。

　SET＊（Standard New Effective Temperature ＝エス・イー・ティー・スター）は、ASHRAE（アメリカ暖房冷凍空調学会）の**標準新有効温度**といい、アメリカの温熱環境指標にしています。

不快の程度 ▶▶ 不快指数

　不快指数（**DI**：Discomfotr Index）とは、温度（気温）および湿度の関係から求めたもので、夏期の暑さによる不快の程度を示すものです。式で表すと、一般的には不快指数＝0.81×気温＋0.01×湿度×（0.99×気温―14.3）＋46.3で表しますが、オーガスト乾湿計やアスマン通風乾湿計で測った場合は、不快指数＝0.72（乾球温度＋湿球温度）＋40.6となります。日本人の場合は、不快指数が65〜70の場合が快適で、50〜55になると寒い、50以下になると寒くてたまらない、70〜75になると暑さで不快感を持つ人が出始めてきます。80〜85になると全員が不快に感じ、85以上になると暑くてたまらなくなるようです（乾球温度、湿球温度については24ページを参照）。

快適・不快を決める要素とは

人が快適と感じる温度は

有効温度（ET）

人が感じる寒暖は3つの要素で決まる。

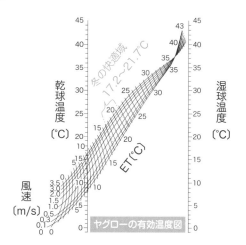

ヤグローの有効温度図

新有効温度（ET*）

有効温度に3つの要素を加えた6要素が温度感覚の指標とされる。

輻射（ふくしゃ）：周壁面からの熱の移動。室内では、天井（てんじょう）、壁、窓などから熱放射を受ける。

着衣量：着衣による熱的抵抗値をクロ値（clo）によって表す。着衣なしの状態で0clo、標準的なスーツ姿で1cloとなる。

代謝量：人体のエネルギー代謝。食事をしたり、体を動かしたりすると、代謝量が上がる。

PMVとPPDの関係

PMV は国際規格 ISO7730 に認定されており、PMV が ±0.5 以内、PPD が 10%以内の温熱環境を推奨している。

PMV	温冷感	PPD
＋3	非常に暑い	99%
＋2	暑い	75%
＋1	やや暑い	25%
0	中立	5%
－1	やや涼しい	25%
－2	涼しい	75%
－3	寒い	99%

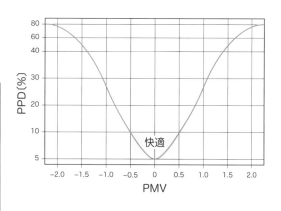

5　室内環境

▌室内の空気はどのように汚染されるか ▶▶ 空気汚染の原因

　室内を閉鎖した状態で長時間利用すると、気分が悪くなったり、不快感をもよおすことがあります。これは、さまざまな要因によって、室内の空気が汚染されたためと考えられます。空気汚染の原因としては、次のようなことがあげられます。

❶在室者の生理的現象によるもの

　①呼吸による酸素（O_2）の減少と炭酸ガス（CO_2）の増加によるもの。

　②室温の上昇、発汗による湿度の上昇によるもの。

　③臭気（体臭）の発生などによるもの。

❷在室者の作業などによるもの

　①喫煙による煙の発生によるもの。

　②暖房や炊事などの際の燃焼に伴う酸素の減少と炭酸ガスの増加によるもの。

　③熱、臭気の発生によるもの。

　④作業に伴う塵埃の発生によるもの。

　⑤内装材からの**ホルムアルデヒド**の発生によるもの。**シックハウス（Sick House）症候群**と、もっとも関連の深い物質です。

　⑥その他、**オゾン**、**ラドン**、**アスベスト繊維**などによる空気の汚染。

▌室内の環境基準について ▶▶ 空気環境の調整に関する基準

　建築物衛生法（建築物における衛生的環境の確保に関する法律）第4条第2項には、環境衛生上良好な状態を維持するのに必要な建築物環境衛生管理基準が定められています。空気調和設備を設置している特定建築物は、浮遊粉塵量、一酸化炭素（CO）の含有量、二酸化炭素（CO_2）の含有量、温度、相対湿度、気流、ホルムアルデヒドの量の7項目について基準値を守らなければなりません。

▌室内空気汚染の程度は CO_2 の濃度が目安 ▶▶ 空気汚染の許容度

　CO_2 自体は、よほど高濃度にならなければ人体に有害ではありませんが、O_2 の増加に比例して、臭気、塵埃なども多くなると考えられており、汚染の尺度として用いられています。人体に致命的な影響を与えるのは8％以上になった場合ですので、大気中（0.03％程度）では問題ないと思われます。

良好な空気の状態とは

空気が汚染される主な原因

❶ 生理的現象によるもの

【呼吸】

【発汗】

❷ 生活行為、その他

【燃焼器具の使用】

【住宅に使用される物質】

ホルムアルデヒド

刺激臭のある気体。建材や接着剤などに使用され、空気中に放出されると人体に悪影響を及ぼす。

法で定められた室内環境基準

項目	室内環境基準
浮遊粉塵の量	空気 $1m^3$ につき 0.15mg 以下
一酸化炭素の含有量	6/1,000,000（0.0006%）以下
二酸化炭素の含有量	1,000/1,000,000（0.1%）以下
温度	1）18℃以上 28℃以下 2）居室における温度を外気の温度より低くする場合は、その差を著しくしないこと。
相対湿度	40%以上 70%以下
気流	0.5m/s 以下
ホルムアルデヒドの量	空気 $1m^3$ につき 0.1mg 以下

建築物における衛生的環境の確保に関する法律施行令第2条第1号イより

6 環境測定器具類

▌温湿度計器の種類 ▶▶ 乾湿球温度計・アスマン通風乾湿計・グローブ温度計

　乾湿球温度計（August Stand Psychrometer）は、**オーガスト乾湿計**と呼び、ほとんど気流のない所で使用し、簡単な温湿度測定に用いられます。液体封入ガラス温度計を2本並べ、一方で乾球温度（DB）を、もう片方が湿球温度（WB）を測ります。湿球温度計のほうは、温度検知部を水で湿らせたガーゼで包んであります。この温度計は、最小目盛が0.5℃のものが望ましいでしょう。乾球温度と湿球温度を測定することにより、相対湿度（RH）（次項参照）が求められます。乾球温度と湿球温度の差が大きいほど相対湿度は低くなります。乾球および湿球への輻射がある場合とない場合とでは、相対湿度は異なった値となります。また、同じ室温のもとでは、相対湿度が高いほど露点温度（DP）（次項参照）は高く、同じ相対湿度のもとでは、乾球温度が低いほど露点温度は低くなります。

　アスマン通風乾湿計（Assman Psychrometer）は、図のように円筒状で日射の影響を防ぐようになっていて、その中に水銀封入ガラス温度計が入っている携帯に便利な乾湿球温度計です。アスマン通風乾湿計の原理は、オーガスト乾湿計と同様ですが、回転で温度計の球部に一定の風（3m/s以上）を当てるようになっています。ただし、湿球における水の蒸発量は空気の流速により異なってくるので、湿球に空気を送る風車の回転数をゼンマイ機構（またはモーターが内蔵）で一定になるよう調節しています。また、周辺からの放射熱の影響を防ぐため、温度計を挿入した金属筒はクロムメッキされています。湿度の求め方は、湿度表または湿り空気線図によって読みとることができます。アスマン通風乾湿計を測定点に設置し、通気開始後、3分と4分とにおける値を読みとり、差がなければその温度を湿球温度とします。

　グローブ温度計（Globe Thermometer）は、周壁面の輻射（放射）熱を測定する計器で、図のように直径15cmの黒球（中が空洞）の中に温度計を入れたものです。

▌風速計器の種類 ▶▶ アネモメーター風速計

　アネモメーター（Anemometer）は、アネモマスターともいわれています。熱線で感知するセンサーを空調機の吹出口等に向けて風速を測定するもので、簡易的なものから本格的なものまであります。また、**ビラム型風速計**（風車型風速計）というものがあり、風が当たるとプロペラが回り風速を測定します。その他、**カタ温度計**といい、風によって熱が奪われた、その冷却力を計ることによって微風速が測れる温度計もあります。

気候を測定するいろいろな器具

温湿度計器

オーガスト乾湿計

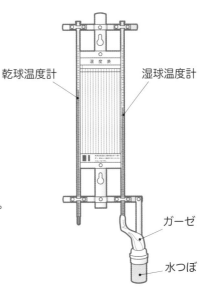

乾球温度と湿球温度を測り、相対湿度を求めることもできる。輻射（ふくしゃ）等により、多少の誤差が生じることがある。

乾球温度
乾球温度計の示す、空気の温度、つまり気温を示す。

湿球温度
温度検知部を水で湿らせた湿球温度計の示す温度。

図中ラベル：乾球温度計／湿球温度計／ガーゼ／水つぼ

アスマン通風乾湿計

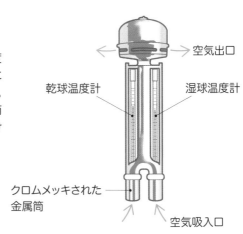

原理はオーガスト乾湿計と同じ。乾球温度計と湿球温度計に一定の風を送ることにより、定常状態の湿球温度を測定できる。また、温度計はクロムメッキされた金属筒に覆（おお）われているため、輻射熱の影響を受けない。

図中ラベル：空気出口／乾球温度計／湿球温度計／クロムメッキされた金属筒／空気吸入口

グローブ温度計

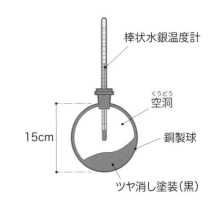

熱を吸収しやすい銅製球の表面に黒ツヤ消し塗装を施し、その球の中に温度計を収納している。輻射熱の影響を受けやすい場所でも、輻射の方向に関係なく体感温度に近い温度を測定できる。

図中ラベル：棒状水銀温度計／空洞（くうどう）／銅製球／ツヤ消し塗装（黒）／15cm

第1章　空気調和設備の概要

25

7 湿り空気線図①

▌空気線図に使われている言葉 ▶▶ 空気線図の理解に必要な用語と単位

われわれが生活している環境を取り巻く大気は**湿り空気**（水蒸気を含んでいる空気）と呼ばれ、乾き空気（水蒸気をまったく含まない空気）と湿り空気の混合したものです。**湿り空気線図**（Psychrometric Chart）とは、湿り空気の状態が一目でわかる線図です。以下に湿り空気線図中の用語について説明します。

❶**乾球温度（DB）**（Dry Bulb）は乾いた感温部を持つ温度計で測定した温度で、t〔℃〕で表します。

❷**湿球温度（WB）**（Wet Bulb）は感温部を水で湿らせた布で覆った温度計で測定した温度で、t'〔℃〕で表します。

❸**露点温度（DP）**（Dew Point）は空気中に含まれる水蒸気が飽和して（水蒸気の量が限界を超えること。次項参照）、水滴に変わるときの温度のことで、t''〔℃〕で表します。

❹**相対湿度（RH）**（Relative Humidity）は関係湿度ともいい、ある空気の飽和状態における水蒸気分圧（大気中で水蒸気が占める圧力、水蒸気圧のこと）に対するある状態の水蒸気分圧の比 φ〔％〕で表します。飽和状態とは、相対湿度が100％の空気のことです。

❺**絶対湿度（AH）**（Absolute Humidity）は湿り空気中の乾き空気1kg当たりに含まれる水蒸気量のことで、x〔kg/kg（DA）〕で表します。湿り空気の温度を上げても、絶対湿度は変化しません。絶対湿度が一定であれば、温度が上がると相対湿度は低下します。

❻**比エンタルピー（TH）**（Total Heat）はある状態における湿り空気の保有する乾き空気中の熱量（**顕熱量**）と水蒸気中に含まれる熱量（**潜熱量**）の和（**全熱量**）のことで、h〔kJ/kg（DA）〕で表します。

▌空気中の熱には2つある ▶▶ 乾き空気中の熱と水蒸気中の熱

空気中には、**顕熱**という熱と**潜熱**という熱があります。顕熱は、14ページで述べたとおり、ある物体に熱を加えたり、または物体から熱を奪ったりして、その物体の温度が変わるときの熱をいいます。この熱は温度の変化による熱で、右ページの空気線図の絶対湿度線上を右か左に移動することです。潜熱は、物体に熱を加えたり、物体から熱を奪っても温度にはなんら関係なく一定の状態にある熱をいいます。この熱は、湿度の変化による熱で、右図の乾球温度線上を上か下に移動することです。

空気の状態、動きがわかる

湿り空気 h–x 線図

（−10〜＋50℃、標準大気圧101.325kPa）

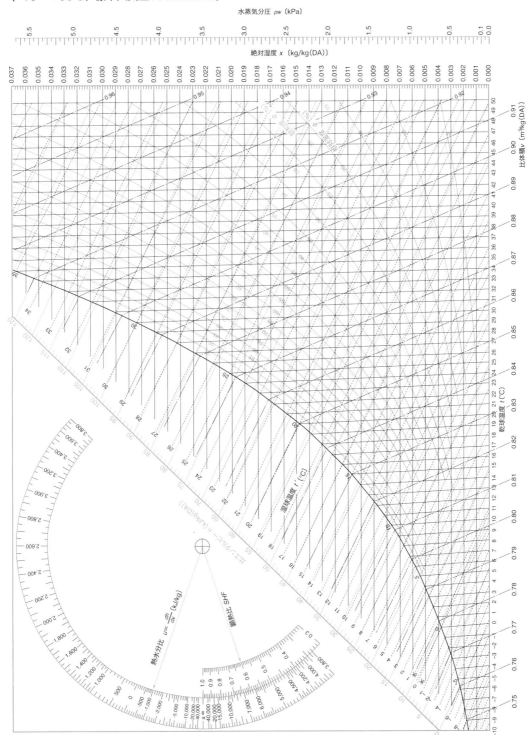

（『空気調和・衛生工学便覧』第14版 第1巻、空気調和・衛生工学会編・発行）

8 湿り空気線図②

線図上の2つの値がわかれば他の値が読みとれる ▶▶ 空気線図の読み方

　湿り空気線図に記載されている乾球温度、湿球温度、露点温度、相対湿度、絶対湿度、比エンタルピーのいずれかの2点を線図上に示すことによって、他の点（状態）がわかるようになっています。例として、右図の（a）は、乾球温度と湿球温度がわかっている場合です。乾球温度30℃、湿球温度22℃の交差する点を見ると、相対湿度は50％となります。また、絶対湿度は0.0134kg/kg（DA）、露点温度18.5℃、比エンタルピー64kJ/kg（DA）となります。（b）の絶対湿度0.019kg/kg（DA）、比エンタルピー79kJ/kg（DA）の場合は、乾球温度31℃、相対湿度65％、露点温度24℃、湿球温度25.8℃となります。

　下記に示す言葉は、建築士などの試験によく出題されるものです。右ページの空気線図を見ながら読むとよくわかると思いますので見ながら読んでください。

- 空気を加熱すると、乾球温度が上がります。（空気線図上、右に移動すると温度が上がる）
- 空気を加熱すると、相対湿度は下がります。（空気線図上、右に移動すると湿度は下がる）
- 空気を冷却すると、乾球温度が下がります。（空気線図上、左に移動すると温度が下がる）
- 空気を冷却すると、相対湿度は上がります。（空気線図上、左に移動すると湿度は上がる）
- 空気を加湿すると、相対湿度と絶対湿度は上がります。（空気線図上、上に移動すると湿度は共に上がる）
- 空気を減湿すると、相対湿度と絶対湿度は下がります。（空気線図上、下に移動すると湿度は共に下がる）
- 相対湿度は気温を下げると（冷却）高くなり、上げると（加熱）低くなります。
- 温度が一定で、相対湿度が高くなると、絶対湿度（水蒸気量）も高くなります。
- 温度以外の条件が同じであれば、暖かい空気を冷やすと、相対湿度は高くなります。
- 温度以外の条件が同じであれば、冷たい空気を暖めても絶対湿度は変化しません。
- 温度を高くすると、飽和水蒸気量も高くなります。
- 空気を露点温度まで冷却していくと、温度は低く、相対湿度は高くなります。

空気中に水蒸気を含むことができない状態 ▶▶ 飽和水蒸気量

　ある温度の1m³の空気が含むことのできる水蒸気の最大量を**飽和水蒸気量**といいます。一定温度の空気に含まれる水蒸気量は限度があり、その限度を超えると、水蒸気は凝縮して液体の水となり、それ以上の水蒸気を含むことができなくなります。このような状態を水蒸気が飽和しているといいます。

湿り空気線図の使い方

 ## 2点がわかれば他の点すべてがわかる

(a)

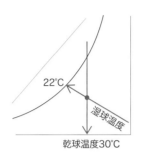

22℃

湿球温度

乾球温度30℃

(b)

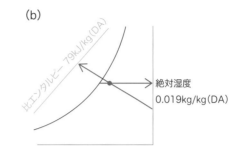

比エンタルピー 79kJ/kg(DA)

絶対湿度
0.019kg/kg(DA)

乾球温度30℃、湿球温度22℃の場合

相対湿度	50%
露点温度	18.5℃
絶対湿度	0.0134kg/kg(DA)
比エンタルピー	64kJ/kg(DA)

絶対湿度0.019kg/kg(DA)、比エンタルピー79kJ/kg(DA)の場合

乾球温度	31℃
相対湿度	65%
露点温度	24℃
湿球温度	25.8℃

また、空気線図から、以下のことが読みとれる。

温度の変化

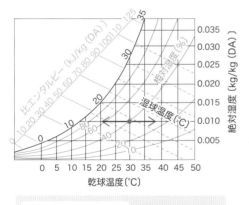

・空気を加熱すると…
　乾球温度は上がり、相対湿度は下がる。

・空気を冷却すると…
　乾球温度は下がり、相対湿度は上がる。

湿度の変化

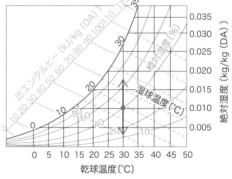

・空気を加湿すると…
　相対湿度と絶対湿度は上がる。

・空気を減湿すると…
　相対湿度と絶対湿度は下がる。

9 結露とは

▌露が物体などに付く現象 ▶▶ 結露

結露とは、露が物体（窓ガラス、壁など）に付くことをいいます。空気が含むことのできる水蒸気の量は限られており、空気の温度が高いほど多くの水蒸気を含むことができ、空気の温度が低くなると含みうる水蒸気の量は少なくなります。冬期に室内の湿った暖かい空気が冷たいガラスや壁などに触れると、冷やされた空気が含む水蒸気は飽和状態になり、それ以上の量の水蒸気を空気中に含みきれなくなって、窓ガラスや壁に水滴となって付着します。これが結露の正体です。結露は、シミやカビの原因になり、建物の住居性能を低下させてしまいます。なお、結露が生じるときの温度（湿り空気線図上の相対湿度100％の点）を露点温度といいます。

▌結露の種類 ▶▶ 表面結露と内部結露

表面結露とは、外壁でいうと、室外と室内の温度差が大きく、水分を含んだ高温側（室内）の空気が冷えた壁体に触れて空気の温度が下がり、壁体の表面に水滴が付くことをいいます。暖房している部屋は、一般に室内が高湿であるため、壁の室内側表面の温度が低いと結露してしまいます。

内部結露とは、物体内（壁体内）に水滴が生じることをいいます。壁の内部でも室外側に近い部分は低温になっているため、壁の内部に水蒸気が流入すると結露してしまいます。

▌結露を防ぐためには ▶▶ 結露防止対策

①風通しをよくし、換気を行ない（発生する水蒸気を室外に排出し、乾いた外気を取り入れる）、必要以上に水蒸気を発生させない（室内の湿度を低くする）ことです。

②表面結露の対処としては、壁体内は断熱材（グラスウールなど）を室内側に張る（壁の断熱をよくし、壁の室内側の表面温度を上げる）。ガラスは二重ガラスとし、熱貫流抵抗（次項参照）を大きくすることです。

③内部結露の対処としては、壁の室内側に断湿層（アルミ箔など）を設けます。

④壁厚を増します（壁体の熱貫流抵抗を大きくする）。

⑤室内側の表面を吸湿性の材料（木材、しっくいなど）とすることです。

⑥外気に面した壁に沿って、たんすなどの家具を置かないことです。

⑦室内外の温度差を小さく（内壁などの表面温度が室内温度より極端に低くならないように）します。

空気中に含みきれない水分が結露の正体

結露が発生するしくみ

空気が含みうる水蒸気の量は、気温が低くなるほど少なくなる。

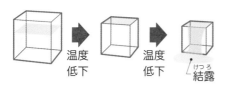

温度低下 → 温度低下 → 結露（けつろ）

水分を入れる容器が小さくなっていき、あふれてしまった水分が結露となる。

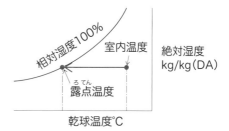

相対湿度100% 室内温度 絶対湿度 kg/kg（DA）
露点温度（ろてん）
乾球温度℃

空気線図上で見ると、図中の室内温度が露点温度以下になると、結露が発生する。

表面の水滴と内部の水滴

【 表面結露 】

室内 室外
結露
窓ガラス

表面結露とは、目に見える所で起こる結露のこと。冬期における窓ガラス付近は温度が低く、結露しやすい環境となる。

【 内部結露 】

室内 室外
結露
水蒸気

内部結露とは、目に見えない壁体内部（へきたい）などで起こる結露のこと。壁体内部に室内から水蒸気が入り込んで、結露となる。

結露を防ぐには

風通しをよくする

換気口を開けておく

家具と壁の間に隙間（すきま）を設ける

状況に応じて適切に断熱材や断湿層を設ける

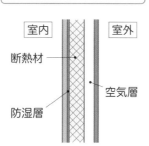

室内 室外
断熱材
空気層
防湿層

室内側の壁を吸湿性のよい材料で仕上げる

しっくい

しっくい：漆喰は当て字。消石灰にふのりや角又（つのまた）などの粘着性物質と麻糸などの繊維（せんい）を加え、水でよく練り合わせたもの。壁や天井（てんじょう）などに塗る。

31

10 室内に影響する熱

熱の伝わり方 ▶▶ 伝導・対流・放射

　熱は、高い温度から低い温度へ移動します。そのため熱は、夏には室内に侵入し（**熱取得**）、冬には室外に逃げます（**熱損失**）。また、高い温度は上へ向かって、低い温度は下へ移動します。熱の伝わり方には、**伝導・対流・放射**の３つがあり、一般に物体間の伝熱は、それぞれ単独で起こることは少なく、互いに相乗しています。伝導とは、固体内部において、高温部から低温部へ熱が伝わる現象をいいます。対流とは、温度による密度差によって熱が移動して伝わる現象をいいます。対流は、空気や水のような媒体（ばいたい）がないと生じません。放射（輻射）（ふくしゃ）とは、その物質が持つ熱エネルギーを電磁波（でんじは）（可視光線や赤外線など）という形態で周囲に放出する現象をいいます。

熱の移動 ▶▶ 熱伝達→熱伝導→熱伝達

　熱が移動する際、熱伝達→熱伝導→熱伝達の３過程を経る伝熱を**熱貫流**（ねつかんりゅう）といいます。熱伝達とは、熱が空気（気体）から壁体（へきたい）（物体・固体）の表面へ伝わり、さらに壁体の表面から空気へと伝わっていくことです。熱伝導とは、熱が壁体（物体・固体）の内部をじわじわと伝わっていくことです。熱貫流は、壁体の一方の空気から反対側の空気へ熱が伝わる過程のことで、熱通過ともいいます。

　材料の熱の伝わりやすさの程度を表したものを**熱伝導率**λ〔W/（m・K）〕といい、距離（壁体、材料の厚さ）に関係します。その熱伝導率の逆数（**熱伝導比抵抗**〔（m・K）/W〕）に壁体（材料）などの厚さを掛けたものを**熱伝導抵抗**〔（m^2・K）/W〕といいます（熱伝導比抵抗（m・K）/W×壁体の厚さ（m）＝熱伝導抵抗〔（m^2・K）/W〕）。熱伝導抵抗は壁の熱の伝えにくさを表し、一般的にこれを**熱抵抗**といっています。また、空気から壁体、壁体から空気への熱の伝達しやすさを**熱伝達率**α〔W/（m^2・K）〕といい、壁の面積に関係してきます。この逆数を**熱伝達抵抗**〔（m^2・K）/W〕といっています。**熱貫流率**U〔W/（m^2・K）〕は、壁体の熱の流れやすさを示した値で、次式によって求めることができます。

$$U = \frac{1}{\dfrac{1}{\alpha_o} + \Sigma \dfrac{t}{\lambda} + \dfrac{1}{\alpha_i}} \qquad\qquad (1\text{-}10\text{-}1)$$

　ここに、U：熱貫流率〔W/(m^2・K)〕、α_o：外気側熱伝達率〔W/(m^2・K)〕（＝23）、α_i：室内側熱伝達率〔W/(m^2・K)〕（＝9）、t：材料の厚さ〔m〕、λ：材料の熱伝導率〔W/(m・K)〕

　また、熱貫流率の逆数を**熱貫流抵抗**〔(m^2・K)/W〕といいます。第６章「空気調和設備の設計」で各構造物（外壁など）における熱貫流率の計算を示しています。

熱は室内をどう移動するか

伝熱のパターン

夏 室外32℃
- 温度が高いほうから低いほうへ移動。
- 低い温度は下へ移動。

室内26℃

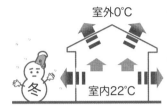

室外0℃
- 温度が高いほうから低いほうへ移動。
- 高い温度は上へ移動。

冬 室内22℃

【 熱の伝わり方 】

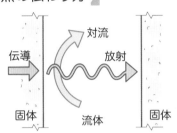

伝　導	固体内を熱が移動すること。
対　流	空気や水などの流体を介して熱が移動すること。
放　射	電磁波（でんじは）によって熱が移動すること。

熱貫流とは

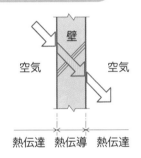

壁
空気　空気
熱伝達　熱伝導　熱伝達

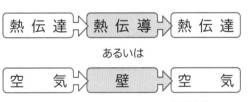

熱 伝 達 → 熱 伝 導 → 熱 伝 達

あるいは

空　気 → 壁 → 空　気

の3過程を経る伝熱を熱貫流（ねつかんりゅう）という。

各種材料の熱伝導率例

材質	熱伝導率〔W/（m・K）〕	材質	熱伝導率〔W/（m・K）〕
コンクリート	1.4	合板	0.19
モルタル	1.3	木材（中量材）	0.17
フレキシブルボード	0.8	フォームポリスチレン	0.045
板ガラス	1.0	グラスウール保温材	0.044

熱伝導率は温度や含水率などに影響する。

POINT

- 熱伝導率が大きくなるほど、伝わる熱量は大きくなる。
- 比重の大きい建築材料の熱伝導率は、一般に大きい値となる。
- その他、熱がもっとも伝わりやすい建築材料として、金属板（銅、アルミニウム、鉄、ステンレスの順で大きい）がある。

11 空気調和方式①

▌空気を調整する方法の区分け ▶▶ 空気調和（空調）方式の分類

　空調方式は、事務所ビル（自社ビル、貸しビル）、マンション、ホテル、旅館、商店（店舗、レストラン）、学校（大・中・小学校、幼稚園、保育所、専門学校等）、図書館、公民館、博物館（美術館）、病院・診療所、高齢者福祉施設、劇場、スポーツ施設、工場・倉庫、交通関係施設、複合用途施設などの建築物の種類によって、空調方式が異なります。また、熱源機器の位置や調和した空気を各室へ運搬する方法、施主の金銭的な意向によっても異なってきますが、ここでは、過去から一般的に使われている空調方式から最近の空調方式について述べていきます。

　空調方式を大別すると、熱源を機械室など一箇所にまとめる**中央（セントラル）方式**と、熱源を各階などに分散させる**分散（個別）方式**とに分けられます。さらに各室へ運搬する方法に分類していくと、中央方式には、室内に空気（冷風や温風など）を供給する**空気供給方式**（単一ダクト方式など）、**水・空気併用供給方式**（ファンコイルユニット・ダクト併用方式など）、**水供給方式**（ファンコイルユニット方式など）に分けられ、分散方式は、**冷媒供給方式**（ヒートポンプエアコン方式など）になります。

　各方式について説明をする前に、空調するゾーン（区分）について説明します。

▌空間を区分して空調する ▶▶ 空調ゾーニング

　ゾーニングとは「区分け」のことで、空調系統の受け持つ範囲ごとに区分けして、その区分ごとに空調方式を定めることを**空調ゾーニング**といいます。

　空調ゾーニングは、建物の各室の配置計画による使用用途、方位、使用時間帯、階別など空調の条件などを考慮して決定します。ここでは、空調にもっとも関係するゾーニングについて説明します。

　方位別ゾーニングは、日射や外気温度変化などの影響を受けやすい外部ゾーン（**ペリメーターゾーン**）を東西南北に区分けし、照明や人間などによる発熱などの影響を受けやすい内部ゾーン（**インテリアゾーン**）を区分けする方法です。

　負荷傾向別ゾーニングは、一般事務室と会議室や食堂など在室人員による密度の関係や、熱負荷の変動が激しい部屋を区分けする方法です。

　使用時間別ゾーニングは、事務所ビルやホテル、飲食店・物品販売店など使用時間が異なる系統ごとに計画をして区分けする方法です。

建物を区分けして効率よく空調を行う

空調方式の分類

- 中央方式
  - 空気供給方式
    - 定風量単一ダクト方式
    - 可変風量単一ダクト方式
    - 二重ダクト方式
    - マルチゾーンユニット方式
    - 各階ユニット方式
  - 水・空気併用供給方式
    - 再熱コイル付き単一ダクト方式
    - ファンコイルユニット・ダクト併用方式
    - インダクションユニット方式
    - 輻射パネル・ダクト併用方式
  - 水供給方式
    - ファンコイルユニット方式
- 分散方式
  - 冷媒供給方式
    - ヒートポンプエアコン方式
    - パッケージユニット方式
    - マルチユニット方式

空調ゾーニング

【方位別ゾーニング】

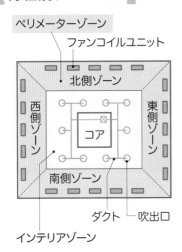

ペリメーターゾーン
ファンコイルユニット
北側ゾーン
西側ゾーン
東側ゾーン
コア
南側ゾーン
ダクト　吹出口
インテリアゾーン

- 建物の外部ゾーンは窓からの日射の影響が大きく、方位による空調負荷が異なるため、方位に分けて空調管理を行う。
- 内部ゾーンは日射の影響を受けにくく、空調管理が行ないやすい。

【負荷傾向別・使用時間別ゾーニング】

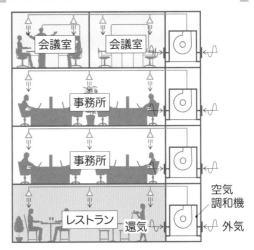

会議室　会議室
事務所
事務所
レストラン
空気調和機
還気　外気

- 部屋の用途や在室人員による負荷に応じて空調管理を行なえるよう区分けする。
- 早朝に使用する（喫茶店など）、日中に使用する（物販店、事務室など）、夜間に使用する（バー、レストランなど）など、時間帯によって空調管理を行なえるよう区分けする。

12 空気調和方式②

▎1本のダクトで一定の風量を出し空調する ▶▶ 単一ダクト方式（定風量）

　もっとも一般的であり基本的な方法で、**CAV**(Constant Air Volume)**方式**ともいいます。中央機械室に設置した空調機から1本の主ダクトを出し、分岐ダクトによって各室へと常に一定の風量を供給する方法です。ダクト内風速方式には低速ダクト方式（ダクト内風速15m/s以下）と、高速ダクト方式（ダクト内風速15m/sを超える）がありますが、一般空調は低速ダクト方式で行ないます。

　長所としては、冷温水配管や電気配線などが各室に分散しないので設備費が安く、運転管理や保守管理が容易で、中間期の外気冷房（冷暖房をしないで外気のみを送風する方法）も可能です。短所としては、各室の負荷変動に適応しにくいことがあげられます。

▎1本のダクトで風量を変化させ空調する ▶▶ 単一ダクト方式（可変風量）

　この方式は**VAV**（Variable Air Volume）**方式**ともいい、基本的には定風量方式と同じ方式ですが、負荷変動の大きい室において、ダクトおよび吹出口にVAVユニット（可変風量装置）を取り付け、風速センサーによって負荷変動を感知しユニットの風量をダンパーの開度信号で調整し、送風機を制御するようになっています。送風量は、インバーター（回転数制御）によって送風機の回転数を変え制御します。

　長所としては、保守管理がもっとも容易で、各室の負荷の変動に適応します。短所としては、VAVユニットを設置する分、単一ダクト方式に比べて高価になります。

▎2本のダクトで冷温風を混合し空調する ▶▶ 二重ダクト方式

　現在、あまり使用されていませんが述べることにします。空調機内または空調機外で冷風と温風を同時に作り、2本の主ダクトで冷風と温風を送風し、おのおのの違った条件のゾーン（区域）ごとに混合ボックスを設け、その場所の条件に応じて自動的に冷温風を混合し、適温にして各室に送風します。各室の負荷変動に適していますが、ダクトスペースが大きくなり、定風量単一ダクト方式に比べ高価です。

▎数本のダクトで冷温風を混合し空調する ▶▶ マルチゾーンユニット方式

　二重ダクト方式に似ていますが、**マルチゾーンユニット方式**は、空調機内で冷風と温風を同時に作り、空調機の出口で冷温風を混合して、数本の単一ダクトで各ゾーンに送風するものです。長所としては、二重ダクトと同じように、ゾーンごとの高度な制御ができ負荷の変動に適応します。ただし、負荷変動の部屋が多いとダクトの本数が多くなり、空調機が特注となって高価になります。

建物の用途や構造などにより方式を決める

🌀 空気供給方式①

【 単一ダクト方式（定風量） 】

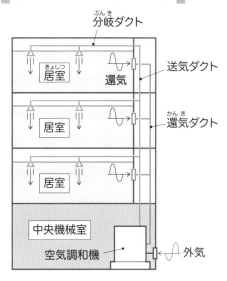

1本の送気ダクトから、分岐ダクトを経て、一定の風量を供給する。

【 単一ダクト方式（可変風量） 】

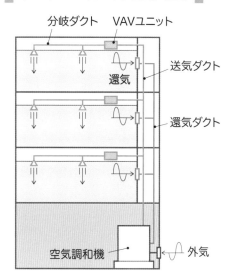

ダクトや吹出口にVAVユニット（可変風量ユニット）を設けることにより、各室の負荷変動に合わせて風量が調整される。

【 二重ダクト方式 】

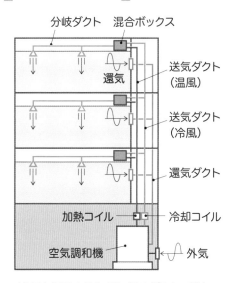

冷風と温風をそれぞれ別のダクトで送り、各ゾーンごとに設置された混合ボックスで混合し、適温にして各室へ送風する。

【 マルチゾーンユニット方式 】

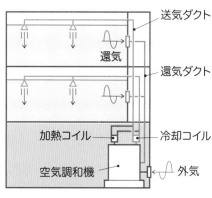

空気調和機の出口で冷風と温風を混合し、数本の単一ダクトで各ゾーンへ送風する。

13　空気調和方式③

■ 空調機を各階に設置し空調する ▶▶ 各階ユニット方式

定風量単一ダクト方式の空調機（エアハンドリングユニット、パッケージ型ユニットなど）を各階に設置し、各階で制御（せいぎょ）する方式です。長所としては、各階で運転時間を変えることができ、各階の制御運転が容易にできます。複合用途建築物に適しています。また、各階につながるダクトスペース（DS：ダクトシャフト）が小さくてすみます。短所としては、各階に空調機が分散されるため、保守点検が面倒になります。

■ 床吹出し方式 ▶▶ フリーアクセス空調方式

OA機器の普及に伴い、配線の敷設（ふせつ）の自由度を高めるために設けた二重床を利用した空調方式です。空調機からの給気を二重床チャンバーに送り込み、床に設けられた吹出しユニット（床吹出口）から室内へ空調空気を送り、室内を空調した空気は天井裏空間（てんじょううら）（天井チャンバー）を経由して空調機に還（かえ）ります。長所は、室温と吹出し温度の差が小さくでき、暖房時の居住域の上部と下部の温度差が小さくなるので快適になり、室内浮遊粉塵量（ふゆうふんじんりょう）が少なくなります。また、二重床空間を利用するので、ダクトの設備工事コストや空気搬送の圧力損失を減らすことができます。短所は、冷房時の居住域における上下の温度差がつきやすく、室温と吹出し温度との差が小さくなる分、送風量が増えるため搬送動力が大きくなります。

■ ファンコイルを用いる方式 ▶▶ ファンコイルユニット・ダクト併用方式

この方式は、主にホテルや高層ビルなどの大規模建築に適しています。

ホテルの客室では、個別に空調制御をしなければならないため、窓際または天井内にファンコイルユニットを設置して、外気調和機（外気のみを調和する空調機）により調整された新鮮な空気（一次空気・外気）を供給する方法をとっています。

高層ビルでは、**ペリメーターゾーン**（外部ゾーン）にファンコイルユニットを設置し、空気調和機器で調整された空気をダクトで**インテリアゾーン**（内部ゾーン）に送風します。長所としては、各室の制御が容易にでき、**ゾーニング**（区分け）ができて維持管理費が軽減されます。ただし、単一ダクト方式に比べて高価です。

■ 誘引ユニットによる方式 ▶▶ インダクションユニット方式

ファンコイルユニットと似ていますが、ファンがなく外気調和機によって調整された空気（一次空気・外気）を高速ダクトでインダクションユニット（誘引ユニット）に送り、誘引作用によって二次空気（室内空気）を誘引し冷暖房をする方式です。ファンコイルユニット方式と同様の長所がありますが、高速ダクトを使用するため騒音と振動の影響があります。

いろいろな空調制御の方式がある

空気供給方式②

【 各階ユニット方式 】

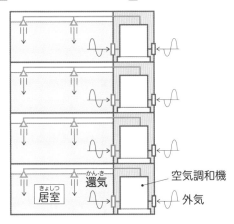

空気調和機
還気（かんき）
居室（きょしつ）
外気

単一ダクト方式の空気調和機を各階に
設置し、階ごとに空調を行なう。

【 フリーアクセス空調方式 】

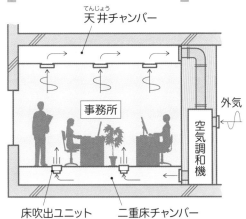

天井チャンバー（てんじょう）
事務所
外気
空気調和機
床吹出ユニット
二重床チャンバー

配線用スペースとして設けられるフリーアクセス
フロアを空調にも利用する。

水・空気併用供給方式

【 ファンコイルユニット・ダクト併用方式 】

ホテル

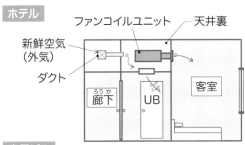

ファンコイルユニット
新鮮空気（外気）
ダクト
天井裏
客室
廊下（ろうか）
UB

高層ビル

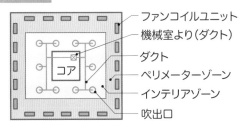

ファンコイルユニット
機械室より（ダクト）
ダクト
ペリメーターゾーン
インテリアゾーン
吹出口
コア

冷温水コイル、送風機、フィルターなどにより構
成されるファンコイルユニットを各室に設置して
冷暖房を行ない、外気調和機からダクトによって
新鮮空気を供給する。

【 インダクションユニット方式 】

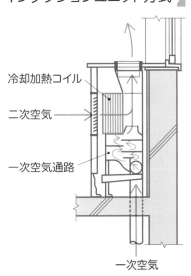

冷却加熱コイル
二次空気
一次空気通路
一次空気

外気調和機で調和された空気を、各室
のインダクションユニットに高速で送
り、高速で吹き出すことにより室内の空
気を誘引し、これを冷却加熱コイルで
冷却または加熱し、冷暖房する。

14　空気調和方式④

冷媒を利用して冷暖房する方式 ▶▶ 空冷式ヒートポンプエアコン方式

　冷媒とは、物を冷却するために媒介として用いられる流体のことで、空調ではR32、R407C、R410Aなどのオゾン層を破壊しないフロンガスを使用します。

　ヒートポンプパッケージ型ユニット（一般的にいう大・中型エアコン）とヒートポンプエアコン（一般的にいうルームエアコン）は、ヒートポンプの名前のとおり、熱をくみ上げるポンプという意味で、冷房時に室内の熱を外にくみ出して室内を冷やし、暖房時には屋外の空気の熱を室内にくみ上げて室内を暖める方式です。冷房と暖房は、切替えスイッチにより冷媒が逆サイクルします。ヒートポンプエアコンには、室外機1台で数室冷暖房ができるマルチタイプ（マルチユニット方式）というエアコンがあります。また最近は、熱源機と蓄熱槽をユニットにしたマルチタイプの氷蓄熱ヒートポンプエアコンがよく設置されています。これは、夜間の電気代が割安になるプランを利用すれば夜間に蓄熱槽に氷を蓄え、昼間に冷暖房を使用し、消費電力を低減できるシステムです。

ガスを利用して冷暖房する方式 ▶▶ ガスヒートポンプエアコン方式

　ガスヒートポンプエアコン（通称GHP）とは、冷暖房機の室外機にあるコンプレッサーをガスエンジンで駆動させて、ヒートポンプ方式で空調を行なう方式です。室内ユニット等は空冷式ヒートポンプエアコンとほとんど同じですが、熱源はガスを利用しています。

　電気のヒートポンプとガスのヒートポンプのランニングコストについては、電力とガスのどちらが安いかなど競争していますので、よく調べてみましょう。

エアコン付き温水床暖房 ▶▶ ヒートポンプエアコン付き温水床暖房

　一般住宅などで、室外ユニット（ヒートポンプ）と床暖房パネルがセットになったものが使われるようになってきました。冬はヒートポンプエアコンで部屋を速やかに暖め、暖まったら床暖房に切り替える方式のため、ランニングコストも安くなってきています。

その他最近の空調システム ▶▶ 置換空調方式

　置換空調方式は、床吹出し方式に似ていますが、調和した空気を低速で供給して室内の空気と混合させないようにし、人間が活動する範囲（床から2m程度まで）を快適な温度とする方式です。長所としては、床や壁から微速で調和した空気を吹き出すため、下から上へと上昇する気流を利用する方式で、均一な温湿度環境が得られます。天井付近の上部空間などには空調しないので、省エネルギーとなります。ダクトも大幅に削減できます。劇場や図書館などのように在室人数が多く、天井が高い工場などに適しています。

ヒートポンプを利用して冷暖房を行なう

冷媒供給方式

【 ヒートポンプのしくみ 】

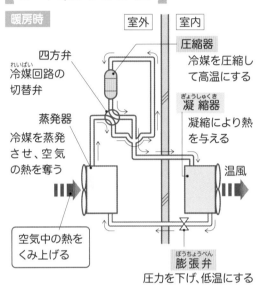

暖房時　　　　　　室外｜室内

四方弁
れいばい
冷媒回路の
切替弁

圧縮器
冷媒を圧縮し
て高温にする

蒸発器
冷媒を蒸発
させ、空気
の熱を奪う

ぎょうしゅくき
凝縮器
凝縮により熱
を与える

温風

空気中の熱を
くみ上げる

ぼうちょうべん
膨張弁
圧力を下げ、低温にする

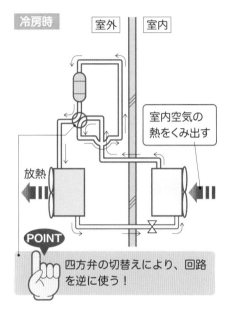

冷房時　　　　　室外｜室内

室内空気の
熱をくみ出す

放熱

POINT
四方弁の切替えにより、回路
を逆に使う！

【 氷蓄熱ヒートポンプエアコンとは？ 】
こおりちく ねつ

氷蓄熱ヒートポンプを使わない場合

電気容量

通常運転

8時　　　20時

氷蓄熱ヒートポンプを使う場合

蓄熱した氷
を利用する
→この部分の電気料
金が割安となる

ちくねつそう
蓄熱槽に
氷を蓄える

通常運転

23時　　　7時　　　20時　　22時
　　夜間電力

新しい空調システム

【 置換空調方式 】

空間の中で温度分布を形
成させ、必要な部分を快適
な状態に空調する。

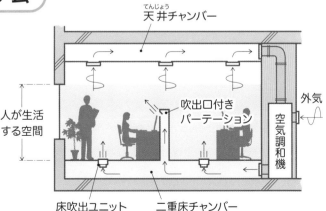

てんじょう
天井チャンバー

吹出口付き
パーテーション

外気

空気調和機

人が生活
する空間

床吹出ユニット　　二重床チャンバー

Column 「1人親方」と「個人事業主」

◆1人親方とは

　建設業などで労働者を雇用しないで、自分自身が技術者として働きながら経営をする人です。あるいは、自分を含めた家族とだけで業務を行なうこともあります。

特 徴

- 一人親方は厚生労働省により業種が特定
　されています。
- 建設業の職種として多いのは、左官工、
　大工、内装工や配管工、設備工、電気工
　などがあります。
- 事業を始めるには税務署に個人事業の開
　業届を提出します。
- 一人親方が仕事中や通勤途中に怪我をし
　ても、自己責任扱いとなり労災保険の支
　給はありませんが、「一人親方労災保険」
　に特別加入ができます。

◆個人事業主とは

　法人（株式会社や合同会社など）を設立しないで個人で事業を経営する人です。業種の縛りはなく、サービス業やIT関連など、独立して開業届を提出、または登記を行って個人で事業を行います。

特 徴

- 従業員の雇用が可能で、人数や日数などの制限もありません。ただし、雇用
　する際は、従業員に対して労災保険や雇用保険に加入させる必要があります。
- 事業を始めるには税務署に個人事業の開業届を提出します。
- 個人事業主には特別な保険制度はありません。
- 労災保険に加入はできませんが、一人親方とは異なり、幅広い業種で活動が
　できます。

第2章 空気調和設備の主要機器

室内の空気調和を行なう空気調和システムは、空調機をはじめ、ボイラーやポンプ、タンク、配管、ダクトなど、様々な機器で構成されています。この章では、まずシステムの基本構成を把握し、空調機やボイラー、冷凍機、冷却塔といった、主要な機器の種類や役割について学びます。

1 空気調和の基本構成

一般的な空調システムについて ▶▶ 単一ダクト方式の基本構成

第2章では、空気調和設備に必要な機器類の説明を行ないますが、その前に、空気調和の基本構成について解説します。

一般的な空調システムとして、右図において説明をしていきます。

❶**空調機（エアハンドリングユニット）**は、空気を快適な状態に調和し、各室に夏は冷風、冬は温風を送風する装置です。

❷**ボイラー**は、燃料（天然ガス・石油など）を燃やして水を加熱し、温水や蒸気を発生させる装置です。この温水は、空調機内の温水コイルまたは冷温水コイル（冷却と加熱を1つのコイルにしたもの）、蒸気は蒸気コイルに送られます。

❸**冷凍機**は、冷水（5～7℃程度の水）を作る装置です。ここで作られた冷水は空調機内の冷水コイルまたは冷温水コイルに送られます。

❹**冷却塔（クーリングタワー）**は、冷凍機内の凝縮器（56ページ参照）に送るために冷却水（32℃前後の水）を作る装置です。

❺**冷温水ポンプ**は、冬はボイラーと冷温水コイル間、夏は冷凍機と冷温水コイル間を循環させるためのポンプです。

❻**冷却水ポンプ**は、冷凍機と冷却塔間を循環させるためのポンプです。

❼**膨張タンク**（開放型）は、配管内等で温水や冷水が膨張した際、その膨張水（空気）を逃がすための水槽です。

❽**冷温水（配）管**は、冷水または温水を通す管です。

❾**冷却水（配）管**は、冷却水を通す管です。

❿**膨張管**は、膨張水（空気）を膨張タンクへと逃がす管です。

⓫**給気ダクト（サプライダクト）**は、空調機から各室へ冷・温風を送る風道です。

⓬**還気ダクト（リターンダクト）**は、各室から空調機へ冷・温風が戻る風道です。

⓭**外気ダクト（OAダクト）**は、新鮮空気（外気）を導入するための風道です。

ヒートポンプエアコンについて ▶▶ 空冷式ヒートポンプエアコン方式の基本構成

Ⓐ**ヒートポンプエアコン（室内機）**は、室内に設置し冷暖房する装置です。

Ⓑ**ヒートポンプエアコン（室外機）**は、室外に設置する装置です。

Ⓒ**冷媒（配）管**は、室内機と室外機を結ぶ配管で、その中には、冷媒として代替フロンHFC系（R410Aなど）などのオゾン層を破壊しないフロンガスが封入されています。

空調システムの基本構成

単一ダクト方式の系統図

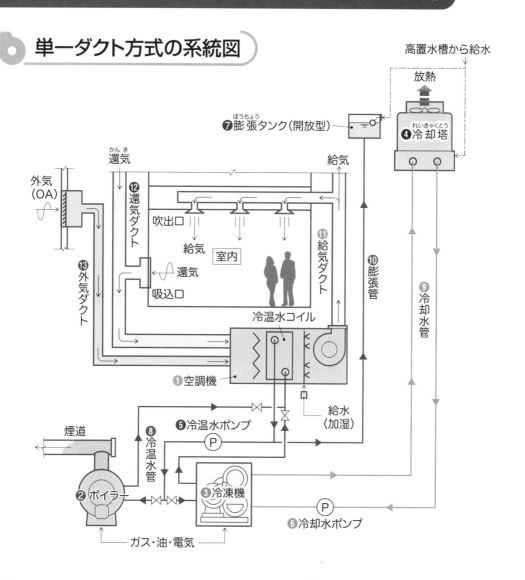

高置水槽から給水

放熱

❼膨張タンク（開放型）

❹冷却塔（れいきゃくとう）

還気（かんき）

外気（OA）

給気

⓬還気ダクト

吹出口

給気

室内

⓫給気ダクト

⓾膨張管

❾冷却水管

還気

吸込口

⓭外気ダクト

冷温水コイル

❶空調機

給水（加湿）

煙道

❽冷温水管

❺冷温水ポンプ

❷ボイラー

❸冷凍機

❻冷却水ポンプ

ガス・油・電気

ヒートポンプエアコンの基本構成

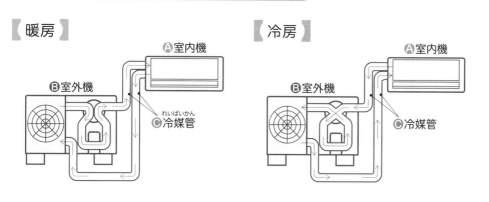

【暖房】

Ⓐ室内機

Ⓑ室外機

Ⓒ冷媒管（れいばいかん）

【冷房】

Ⓐ室内機

Ⓑ室外機

Ⓒ冷媒管

2 空気調和機器類

▎エアハンドリングユニットとは ▶▶ 一般的な空気調和機

　一般に、**空気調和機**というと、空気の温度、湿度、気流の調整や、空気の清浄が行なわれるものをいい、エアハンドリングユニット、パッケージ型ユニット、ファンコイルユニットなどがあります。

　エアハンドリングユニットは、送風機、エリミネーター（露避け板）、加湿器、冷却（冷水）コイル、加熱（温水）コイル、または、冷温水コイル（夏・冬切替用）、フィルター、ドレンパン（露受皿）などで組み立てられています。温度の調整は、冷却コイルや加熱コイルにより冷暖房ができ、湿度の制御は、加湿器により加湿ができ、冷房することにより除湿されます。また、気流の調整は、送風機が調和された空気を各部屋の吹出口より適切な風速にて送風することにより行ないます。また、フィルターなどが室内の空気を清浄します。

▎パッケージ型ユニットとは ▶▶ パッケージ化された空調機

　パッケージ型ユニットは、送風機、直膨コイル、フィルター、ドレンパン、凝縮器、圧縮機から成っています（加湿器組込み可能）。冷却塔（58ページ参照）から冷却水を送り冷房を行なうものを**水冷式**（媒体を水とし水で冷やす。次項参照）のパッケージ型といい、暖房をするには、加熱コイルを組み込んだり、または電気ヒーターを組み込みます。特に電気ヒーターを組み込むと、イニシャルコスト（設備費）およびランニングコスト（運転費・維持費等）がかかるため、最近は**空冷式**（媒体を空気とし空気で冷やす）のヒートポンプパッケージ型ユニットを使用することが多く見られます。空冷式ヒートポンプの基本については、次項を参照してください。

▎ファンコイルユニットとは ▶▶ ホテル等各部屋ごとの調整に便利な空調機

　ファンコイルユニットは、送風機、冷温水コイル、フィルター、ドレンパンから成る冷暖房ができる放熱器です。一般的には加湿器が組み込まれていないので、空気調和機とはいいません。ただし、自然蒸発式加湿器（気化式加湿器）などといわれる、水滴や霧状ミスト、再凝縮（一度蒸発した水分がエアコン内で再び水や水滴になる）を起こさない加湿器がファンコイルユニットなどに組み込まれることが多くなっており、湿度の調整ができると空調機といえるでしょう。また、天井埋込型や天井カセット型のファンコイルユニットは、一般に結露水（ドレン）を排出するためのドレン管の勾配が取りづらいので、除湿された結露水を小型ポンプにより勾配が取れるような高さまで立ち上げて排水させるドレンアップメカも組み込むことができます。

空気調和機の種類

エアハンドリングユニット

中央方式（34ページ参照）に使われる空気調和機。ケーシング（箱）に各機器が組み込まれてユニット化されたもの。

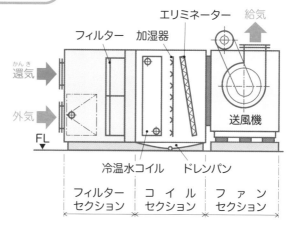

パッケージ型ユニット

エアハンドリングユニットと同じく、ケーシング内に各機器が組み込まれたもので、冷房を行なう。暖房にはヒートポンプを利用することが多い。

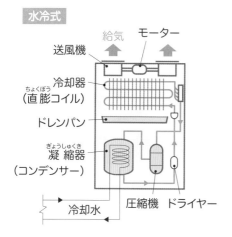

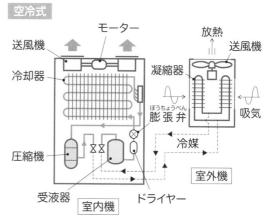

ファンコイルユニット

水供給方式（34ページ参照）に使用される、送風機の付いた放熱器。小型で、ホテルの客室や事務所などの個室ごとの空調ができる。

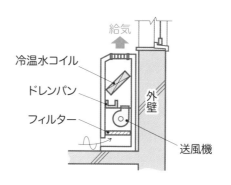

3 ヒートポンプパッケージエアコン

■ 「熱（ヒート）」を集めて「くみ上げる（ポンプ）」 ▶▶ ヒートポンプのしくみ

ヒートポンプは、液体が気体に変化するときに発する気化熱によって周囲の熱を奪い、逆に気体から液体に変化する際に凝縮熱を周囲に放出する、という原理を利用したものです。その性質を利用して、冷媒を圧縮したり膨張させたりして温度を上昇・低下させ、熱を移動させるのがヒートポンプであり、熱を移動させる方向を変えることで冷やしたり暖めたりします。

ヒートポンプの冷媒には代替フロンが使用されており、それが圧縮機（コンプレッサー）によって圧縮され、膨張弁で減圧するサイクルを繰り返しています。この圧縮と減圧が起こると、温度もそれに伴い変化し、この性質を利用してヒートポンプは熱を冷媒によって移動させており、これによって圧縮機の動力に投入した電力以上の熱を供給することが可能となります。

圧縮機の動力として電気ではなくガスを使用する形式もあります。これを**ガスエンジン駆動式ヒートポンプ**（GHP：Gas-Engine-Driven-Heatpump）といい、エンジンの排ガスを再利用することにより、電気を使用する機器よりも暖房能力が向上します。

■ ヒートポンプパッケージエアコンの分類 ▶▶ 空冷式と水冷式

空冷式のエアコンは広く使用されており、家庭用のルームエアコンからオフィス・店舗系のビル用エアコンなどが一般的です。ただし、空冷式の場合は室外機が必要となり、その設置場所の確保に検討が必要であり、またヒートポンプのサイクルによって熱排気が出ることから、特に都市部ではヒートアイランド現象が発生する要因として、環境問題となっています。

水冷式のエアコンは、熱源に水を使用することから、空気よりも体積当たりの熱保有量が多く、空冷式よりも効率が良くなる、といった利点があり、水冷式は外気温に影響されないため盛夏時期であっても安定した空調が行え、室外機が不要であることから室外機の設置場所が確保できない建物や施設では有利となることにより、地下街や地下鉄の施設といった室外機の設置が不可の場合にも適しており、さらに、冬期にも冷房と暖房が混在する性質の施設といった大規模建築向けともいえます。

しかし、室内に設置する空調機内に圧縮機が内蔵されることから駆動音が室内騒音となります。同時に、専用の水槽や水配管が必要となるため、その設置には検討の必要があります。特に水配管の破壊による水損事故、水質管理の問題などを考慮しておくことも重要です。近年では、冷凍機のために設置する冷却塔を利用した機器や安定した水温である地下水を利用するといった形式も増えています。

空気中の熱を集めて温冷熱を作る

ガスエンジン駆動式ヒートポンプ

GHPは、暖房時に利点が大きいのが特徴である。そのため寒冷地域などでの採用が多くなっている。また、ガスエンジンを使用することによる省電力化も図れる。

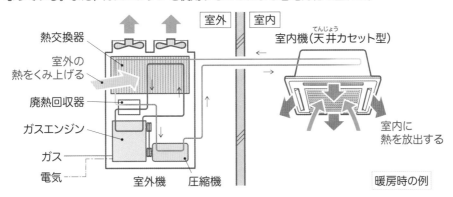

暖房時の例

水冷式のヒートポンプエアコン

水冷式凝縮器は冷媒を水により冷却する方式で、冷却水が熱を受け取ることを利用して冷媒蒸気を凝縮する。熱交換器に二重管を使用する特徴がある。

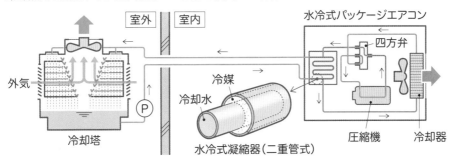

冷却塔の冷却水を利用する例（冷房時）

地下水を熱源として利用する場合

地下水温は年間を通じて安定している。夏期は、外気を熱源とする場合よりも水温が室内温度に近く、冬期も外気より水温のほうが高く吹出し温度に近いため、省エネルギー化を図りやすい。

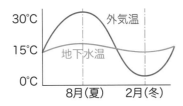

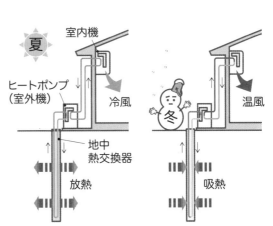

4 熱源機器類（ボイラー）

温水・蒸気を作るボイラー ▶▶ ボイラーの種類

❶ 鋳鉄製のボイラー（鋳鉄製セクショナルボイラー）

鋳鉄製セクショナルボイラーは、何枚かの鋳鉄製のセクションを接続して缶体を構成したものです。温水用ボイラーとしては、最高使用水頭圧（水柱の高さで表した圧力）は0.5MPa（50m）以下で、温水温度は120℃以下と決められています。低圧の蒸気用ボイラーの最高使用圧力は、0.1MPa以下です。長所としては、分解できるため搬出入が容易で、セクションを増やすことで能力のアップも可能で、鋳鉄製のため耐食性があり、寿命が長く価格も安いことがあげられます。

❷ 炉筒煙管ボイラー（鋼製のボイラー）

炉筒煙管ボイラーは、円筒形の缶胴の中に1本の炉筒と多数の煙管を設けた胴だき式のボイラーです。使用圧力は一般的に0.2〜1.2MPa程度で、高圧蒸気が得られます。蒸気用の場合、最高使用圧力は1.6MPa以下で、温水温度は170℃以下と決められています。水管ボイラーに比べて水処理が容易で、保有水量が多いという特徴があります。

❸ 水管ボイラー（鋼製のボイラー）

水管ボイラーは、多数の小口径の水管を配列して燃焼室と伝熱面を構成しているボイラーです。蒸気ボイラーの場合、最高使用圧力は2.0MPa以下で、温水用としては200℃程度までの温水を作ることができます。負荷変動に対して追従性があり、加熱や予熱が簡単で、熱効率がよいという特徴があります。

❹ 小型貫流ボイラー

小型貫流ボイラーは、水管ボイラーが変形した蒸気ボイラーです。最高使用圧力は1.6MPa以下で、保有水量が少なく負荷変動の追従性にすぐれ、起動時間が短い特性がありますが、寿命が短く高価なため、使用例は少ないです。また、高度な水処理が必要とされます。

❺ 真空式温水ヒーター・無圧式温水ヒーター

真空式温水ヒーターは、真空式温水発生器ともいいます。缶体内を大気圧以下に減圧して真空状態にし、内部の水を蒸発させることにより真空蒸気を発生させます。こうして熱交換器部分を加熱し、その中を通過する水を温水にするシステムになっています。

無圧式温水ヒーターは、缶体内に大気開放のタンクを設けて無圧とし、加熱して温水を作り、缶体内のタンク部分に設置された熱交換器部分を温め、温水を発生させるシステムです。なお、これらの取り扱いには、ボイラー技士などの資格はいりません。

構造によるボイラーの分類

ボイラーの種類

【鋳鉄製のボイラー】

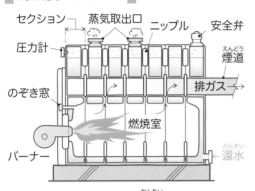

セクションを組み合わせて缶体を構成。セクションの数により、ボイラーの容量・能力の増減ができる。

【水管ボイラー】

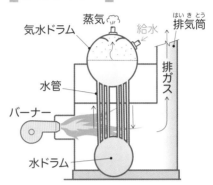

ドラムと多数の水管で構成される。水管が伝熱部となり、蒸気を作る。

【炉筒煙管ボイラー】

横から見た断面図

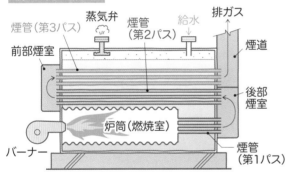

正面から見た断面図

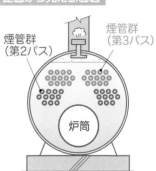

炉筒が燃焼室となり、煙管内を燃焼ガスが流動することにより、ボイラー水が加熱される。

【真空式温水ヒーター】

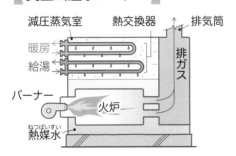

ボイラー内を大気圧以下の状態にして水を沸騰させ、蒸気を発生させる。

【無圧式温水ヒーター】

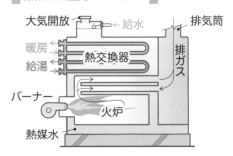

ボイラー内を大気圧の状態にして水を加熱し、温水を作る。

5 ボイラーの法規上の分類

▌誰でも取り扱いができるボイラー ▶▶ 簡易ボイラー

　ボイラーの法規上の分類としては、小型ボイラー、小規模ボイラー、大規模ボイラーに分けられています。その他、使用圧力や伝熱面積などの規模も小さく、危険性が低いと判断され、労働安全衛生法に関係なく検査義務もありませんが、安全に使うためには検査や安全管理が必要な簡易ボイラーがあります。これらは、ボイラーの種類（温水・蒸気・貫流（かんりゅう））や規模、能力により右図のように分類されます。**簡易ボイラー**の温水ボイラーは、最高使用圧力（最高使用水頭圧（すいとうあつ））が 0.1 MPa（メガパスカル）（10m）以下、伝熱面積は 4m^2 以下のものを指します。簡易蒸気ボイラー、簡易貫流ボイラーについては、右図を参照してください。

▌特別教育を受けた者が取り扱えるボイラー ▶▶ 小型ボイラー

　小型ボイラーの温水ボイラーは、最高使用圧力（最高使用水頭圧）が 0.1MPa（10m）以下で伝熱面積が 8m^2 以下のものと、最高使用圧力が 0.2MPa（20m）以下で伝熱面積が 2m^2 以下のものを指します。簡易蒸気ボイラー、簡易貫流ボイラーについては、右図を参照してください。このボイラーは、**小型ボイラー取扱業務特別教育**（学科：7時間以上、実技：4時間以上）を修了した者が取り扱えます。

▌取扱技能講習修了者が取り扱えるボイラー ▶▶ 小規模ボイラー

　小規模ボイラーの温水ボイラーは、伝熱面積が 14m^2 以下のものをいい、**ボイラー取扱技能講習修了者**が取り扱いをすることになっています。その他、胴の内径が 750mm 以下で長さが 1,300mm 以下の蒸気ボイラー、伝熱面積が 3m^2 以下の蒸気ボイラー、伝熱面積が 30m^2 以下の貫流ボイラーがこれに属します。

▌ボイラー技士の免許が必要なボイラー ▶▶ 大規模ボイラー

　大規模ボイラーは、伝熱面積が 14m^2 を超える温水ボイラーと、伝熱面積が 3m^2 を超える蒸気ボイラー、伝熱面積が 30m^2 を超える貫流ボイラーがこれに属します。取り扱いには**ボイラー技士**の免許が必要となります。

▌ボイラー技士には ▶▶ 特級・一級・二級ボイラー技士

　特級ボイラー技士は、伝熱面積が 500m^2 以上の温水ボイラーと蒸気ボイラー、**一級ボイラー技士**は、伝熱面積が 25m^2 以上 500m^2 未満の温水ボイラーと蒸気ボイラー、伝熱面積が 250m^2 以上の貫流ボイラー、**二級ボイラー技士**は、伝熱面積 14m^2 を超え 25m^2 未満の温水ボイラー、伝熱面積 3m^2 を超え 25m^2 未満の蒸気ボイラー、伝熱面積 30m^2 を超え 250m^2 未満の貫流ボイラーを取り扱う作業主任者となるために必要な免許資格です。

ボイラーの規模により資格免許が必要

法律上の分類

ボイラーは構造により下図のように分類され、簡易ボイラー以外は取り扱いに法規制を受ける。

【 温水ボイラー 】

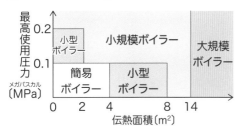

【 蒸気ボイラー 】

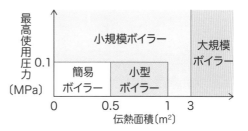

【 貫流ボイラー 】

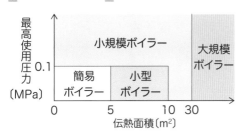

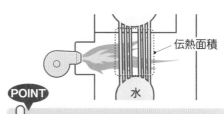

POINT
伝熱面積とはボイラーの中で、片面が水に触れ、その反対側の面が燃焼ガスに触れている面積のこと。

ボイラー取り扱いに必要な講習・免許

簡易ボイラー以外の取り扱いについては、労働安全衛生法に基づいて、ボイラーの規模に応じた下記に示す一定条件（資格等）を満たす者をボイラー取扱作業主任者として選任し、従事する労働者を指揮、監督しなければならない。

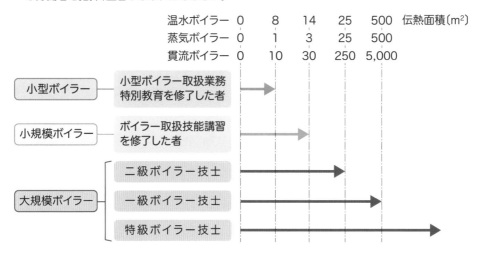

6 熱源機器類①（冷凍機①）

■ 冷水を作る装置 ▶▶ 冷凍機とは？

冷凍機（refrigerating machine）とは、物体から熱を奪って周囲の温度以下に冷却して、大気中に熱を捨てる装置です。本来、冷凍（refrigeration）は、人の手によって物を自然の温度以下に下げることを意味しますが、一般には、温度を氷点（セ氏零度）まで下げることを冷却、氷点以下に下げることを冷凍といいます。

■ 冷媒は冷凍機の中でどのような役目をするか ▶▶ 冷媒とは？

冷媒とは、冷凍サイクル中を循環して熱を伝える役目をする物質です。温度と圧力が低い状態において、蒸発（液体から気化すること）という現象によって熱を吸収し、この熱を高い圧力の冷媒として、凝縮（気体を液化すること）という現象によって放出します。

■ 容積圧縮式冷凍機にはどんなものがあるか ▶▶ 往復動式・遠心式・回転式

冷凍機は、**容積（蒸気）圧縮式**（往復動式冷凍機、遠心式冷凍機、回転式冷凍機）と**吸収式**とに分類されます。

❶往復動式冷凍機（レシプロ冷凍機）

往復動式冷凍機は、圧縮機が往復駆動する方式のもので、チリングユニット（チラーともいい、1台の架台に組み込まれた装置）などの型として使用されます。空調用としては、100～120冷凍トン程度以下の中・小型冷凍機として用いられます。価格は他に比べ安くなりますが、振動騒音が大きいという短所があります。

❷遠心式冷凍機（ターボ冷凍機）

遠心式冷凍機は、高速回転する羽根車の遠心力を利用した遠心式の圧縮機を備えた冷凍機をいい、空調用としては、100冷凍トン程度以上の大型冷凍機として用いられています。保守管理が容易です。

❸回転式冷凍機（ロータリー冷凍機、スクリュー冷凍機、スクロール冷凍機）

ロータリー冷凍機は、全密閉式の圧縮機を使ったもので、ルームエアコン等の小容量のものに用いられています。**スクリュー冷凍機**は、スクリューのように回転する圧縮機を使用した冷凍機です。ビル空気調和用の大・中容量の空気熱源ヒートポンプチラーによく使われており、容量の制御も簡単で、負荷変動にも対応し、性能は安定しています。**スクロール冷凍機**は、スクリューと形こそ違いますが回転運動で圧縮する冷凍機で、ルームエアコンとして小容量のものが多く使われています。

容積型圧縮機を使用して水を冷却する

熱を運搬する冷媒

冷媒は、低温部から高温部へと熱を運ぶ流体である。

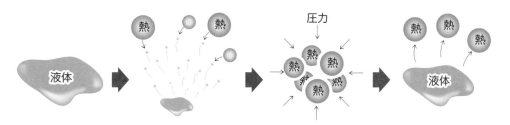

冷媒が気化するとき、空気中の熱を奪う。　　　　　圧縮をかけられ、液化すると、熱を放出する。

容積圧縮式冷凍機のしくみ

冷媒が圧縮機で加圧されて高温高圧のガスになり、凝縮器で冷却され、液体となる。膨張弁を通って低圧の状態で蒸発器に送られ、気化して周囲の熱を奪う（周囲の水や空気を冷却する）。

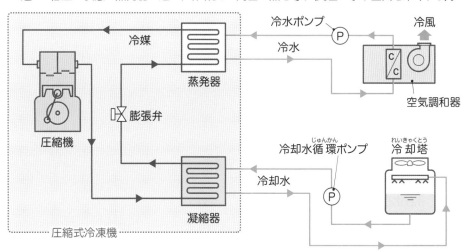

【冷凍トンとは？】

POINT

0℃の水を24時間で0℃の氷にする能力のこと。100冷凍トンは、0℃の水100トンを24時間で氷にする能力を表す。

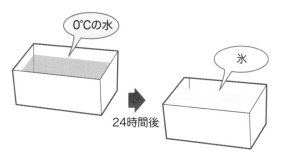

7 熱源機器類②（冷凍機②）

吸収式冷凍機とはどのようなものか ▶▶ 吸収式冷凍機とその種類

❶吸収式冷凍機

　吸収式冷凍機は、エネルギー源として動力の代わりにガスや水蒸気、高温水を使用し、冷媒が蒸発したときの蒸気を比較的多量に吸収できる性質を持つ吸収液を用いて冷水を作るものです。冷媒には清浄な水、吸収液には臭化リチウム（リチウムブロマイド）水溶液を用いています。吸収式冷凍機には**単効用**と**二重効用**があり、単効用吸収式冷凍機は低温排熱を高温熱源でくみ上げて加熱する構造となっています。二重効用吸収式冷凍機は高温再生器で発生した水蒸気で低温再生器を加熱する構造となっており、単効用より蒸気消費量が50〜60％程度少なくなります。容積圧縮式冷凍機に比べ、大型モーターがなく、振動・騒音が小さく、電力量が少なくなります。

　吸収式冷凍機の冷凍サイクルの蒸発器、吸収器、再生器、凝縮器について解説します。

蒸発器：凝縮器で液化した冷媒（水）を真空状態とし、蒸発に要する潜熱を奪い、冷水を作ります。

吸収器：蒸発器で発生した水蒸気を吸収液に吸収させ、吸収器内を真空状態とします。そのときに熱を発するので、冷却水によって冷却します。

再生器：吸収器から送られてくる濃度の低い吸収液を蒸気などで加熱して、吸収液中の水を分離させて水蒸気として凝縮器に送り、吸収器に濃度が高くなった吸収液を送ります。

凝縮器：再生器で分離した水蒸気が冷却水によって冷却され、液化されたものを蒸発器に送ります。

❷直だき吸収冷温水機

　直だき吸収冷温水機は、二重効用吸収式冷凍機の加熱源を水蒸気または高温水に替えて、ガスや灯油などで加熱する方式のものであり、冷却水で吸収器と凝縮器を冷却します。また、機内の真空度を保つために抽気装置（不凝縮ガスを抜く装置）を用いています。この装置は、冷水と温水を同時または別々に取り出すことができます。なお、高温再生器内の圧力が大気圧以下のため、ボイラー関係法規の適用は受けません。

❸ヒートポンプ

　冷凍機は、蒸発器で空気や水から熱を吸収して冷房すると同時に、凝縮器では空気や水に熱を放出しています。ヒートポンプは、この凝縮器が行なう加熱作用を暖房や給湯に利用するものです。40、48ページを参照してください。

熱源にガスや蒸気、温水などを使用する

吸収式冷凍機の構成

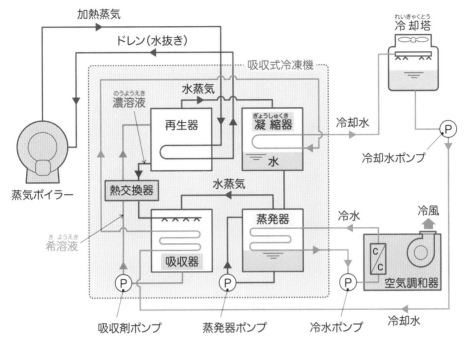

冷媒が蒸発器で気化して周囲の熱を奪う。この水蒸気を吸収器で吸収液が吸収し、吸収液は再生器で加熱され水蒸気が放出される。この水蒸気は凝縮器に送られ冷却されて液化し、蒸発器に戻る。これらの冷凍サイクルを継続させることにより、冷凍効果が得られる。

二重効用吸収式冷凍機のしくみ

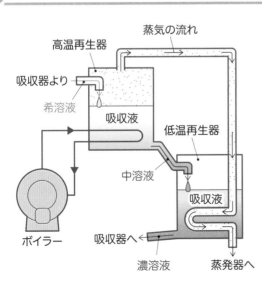

二重効用吸収式冷凍機は、高温用と低温用の2つの再生器を用いる。高温再生器で発生した水蒸気の熱を低温再生器の加熱に利用することにより、吸収液（臭化リチウム）の濃縮、冷媒の再生が効率よく行なわれ、単効用よりも加熱量を減少させることができる。

【直だき吸収冷温水機とは】

高温再生器をガスや灯油などで直接加熱する方式のもので、近年では太陽熱による温水を加熱源として利用しているケースも見られる。冷暖房の同時使用が可能である。

8 熱源機器類③ （冷却塔）

冷却塔の種類 ▶▶ 開放式と密閉式

冷却塔（クーリングタワー）は、冷凍機の凝縮器に使用する冷却水を冷却する（同時に、冷凍機によって奪われた熱を大気中に放出する）ものです。

❶開放式冷却塔

開放式冷却塔には、**向流型**と**直交流型**があります。向流型（カウンターフロー型）冷却塔は、上から落下する冷却水に対して、外気を下から上へ当てる方式をとっていて、丸型が多く据付面積は小さくなりますが高さがあります。直交流型（クロスフロー型）冷却塔は、上から落下する冷却水に対して、外気を直角に当てる方式をとっていて、角型が多く据付面積は大きくなりますが高さは低いという特徴があります。

❷密閉式冷却塔

密閉式冷却塔は、冷却水を熱交換器の管内に通し、管外側に冷却用の外気と散布水を散水して冷却するしくみとなっています。開放式冷却塔と違い散布水ポンプがあり、散布水が冷却塔内を循環しています。一般的に角型が多く、開放式に比べて3～4倍の据付面積が必要です。冷却水系統が完全に密閉されているので、大気中の亜硫酸ガス（SO_2）、窒素酸化物（NO_x）などの有害物質が冷却水中に入らないようになっています。したがって、空調機や配管に腐食やスライム、スケールなどの問題がありません。

冷却塔に関係する用語 ▶▶ 覚えておきたい重要な用語

❶**冷却レンジ**：冷却塔により水が冷却される前と後の温度差つまり、出入口水温の差（5～7℃程度）をいいます。

❷**アプローチ**：冷却塔から出る冷やされた水の温度と外気空気の湿球温度との差（5℃程度）をいいます。冷却塔の出口水温は、外気の湿球温度より低くすることはできません。

❸**キャリーオーバー**：冷却塔において、冷却水が霧状で落下する途中、蒸発する以外に水滴が飛散するなどで失われる少量の水をいいます。これは蒸発により失われる水とは違った意味の損失水で、循環する空気の中に混入して出ていきます。

❹**ブローダウン**：水の中の化学成分の凝固を防ぐため、循環水の一部を少しずつ捨てるか、または一時的に排水させることをいいます。ブローダウンの目的は、固形物の付着を少なくし、水のスケールの形成を防ぐことです。ブローダウン量は0.3％位とします。

❺**メークアップ**：蒸発、キャリーオーバー、ブローダウン、漏れなどによって失う分の水を補給しなければならない水量をいい、補給水量は冷却循環水量の1.5～2％位とします。

水が蒸発する気化熱で冷却水を冷やす

開放式冷却塔

【向流型冷却塔】

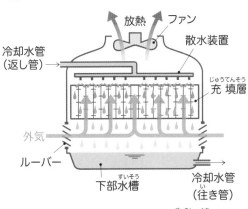

放熱　ファン

冷却水管
（返し管）→

散水装置

充 填層
（じゅうてんそう）

外気

ルーバー

下部水槽
（すいそう）

冷却水管
（往き管）
（い）

【直交流型冷却塔】

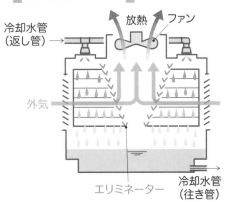

冷却水管
（返し管）

放熱　ファン

外気

エリミネーター

冷却水管
（往き管）

外気と冷却水が接触する形式。凝縮器（ぎょうしゅくき）からの冷却水の一部を蒸発させることで、残りの冷却水の温度を下げる。

密閉式冷却塔

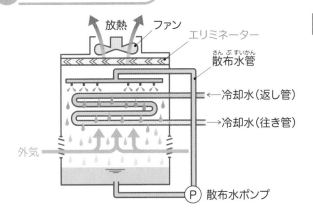

放熱　ファン

エリミネーター

散布水管
（さんぷすいかん）

←冷却水（返し管）

→冷却水（往き管）

外気

Ⓟ 散布水ポンプ

熱交換器の管内に冷却水を通し、管外表面に外気と散布水を当てて冷却水を冷却する。

【スライム、スケールとは】

冷却水中の鉱物や微生物などが混ざり合った泥状の物質。

スライム

スケール

冷却水中の鉱物などが結晶化したもの。

冷却レンジとアプローチ

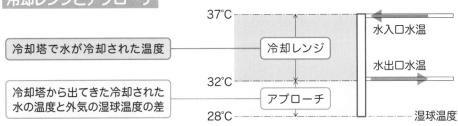

冷却塔で水が冷却された温度 ── 冷却レンジ

冷却塔から出てきた冷却された水の温度と外気の湿球温度の差 ── アプローチ

37℃　水入口水温

32℃　水出口水温

28℃　湿球温度

第2章　空気調和設備の主要機器

9 搬送機器類①（ポンプ）

ポンプの種類 ▶▶ 空調に使われるポンプとは

ポンプを大別すると、ターボ形ポンプ（非容積式）、容積形ポンプ、特殊ポンプがあり、さらに、ターボ形ポンプは、遠心ポンプ、斜流ポンプ、軸流ポンプに分けられます。ここでは、一般に空調に使用される**遠心ポンプ**（渦巻ポンプ・ディフューザーポンプ）や**ギアポンプ**などについて説明します。

❶渦巻ポンプ

渦巻ポンプは、渦巻室で羽根車の回転によって、速度エネルギー（速度水頭）を圧力エネルギー（圧力水頭）に変換するポンプです。渦巻ポンプには、**ボリュートポンプ**と**ディフューザーポンプ**があり、一般的に渦巻ポンプというと低揚程用（揚程とはポンプが水をくみ上げることのできる高さ）のボリュートポンプを指します。ディフューザーポンプは、**タービンポンプ**ともいい、多段式（同一の回転軸に取り付けられた2個以上の羽根車を直列に水が通過するしくみで、羽根車を通過する数を段数で表したもの）渦巻ポンプのことをいいます。羽根車の外側に固定案内羽根（ガイドベーン）を設けて、より効果的に圧力エネルギーに変換するポンプで、高揚程が得られます。

❷インライン型ポンプ

一般的に**ラインポンプ**といい、ポンプの吸込口と吐出口が同一線上になっているポンプです。小さなポンプでコンクリート基礎が不要です。主に小容量の循環ポンプや冷却水ポンプとしてよく使用されています。

❸ギアポンプ

このポンプは、容積形ポンプのうち回転ポンプに分類されます。一般にボイラの燃料（重油など）輸送用として使用されるため**オイルギアポンプ**ともいい、歯車の歯のかみ合わせ部分を使ってオイルを輸送するものです。

ポンプの2台運転 ▶▶ 2台のポンプの直列運転と並列運転

同一仕様のポンプを2台直列運転すると、同一水量では、揚程も2倍となります。水量の変化と揚程の変化の関係を表した特性曲線は右図（a）の曲線 H_2 を描き、それぞれのポンプの揚程は $h_2/2$ となるので、単独で運転したときの揚程 h_1 より小さくなります。次に、同じ仕様のポンプを並列運転すると、同一揚程に対する水量は2倍となり、特性曲線は右図（b）の曲線 H_2 を描きます。それぞれのポンプの水量は $Q_2/2$ となり、単独で運転したときの水量 Q_1 よりも少なくなるので注意が必要です。

水にエネルギーを与えて送り出す

空調でよく使用されるポンプ

【渦巻ポンプ】

多段式タービンポンプ

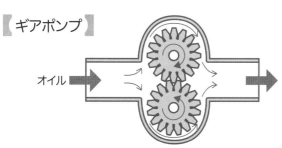

羽根車の遠心力で水にエネルギーを与え、速度を圧力に変えて水を送り出す。渦巻ポンプには右の2種類がある。

ボリュートポンプ

羽根車

ケーシング

ディフューザーポンプ

羽根車

固定案内羽根

ケーシング

【ギアポンプ】

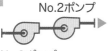

オイル

歯車のかみ合わせを利用し、オイルなど粘度の高い液体を輸送する。

ポンプの直列・並列運転

【（a）直列運転】

同一水量では、揚程が2倍

No.2ポンプ

No.1ポンプ

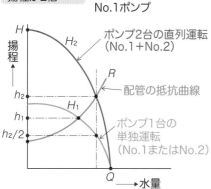

H
揚程
H_2
ポンプ2台の直列運転（No.1＋No.2）
R
h_2
配管の抵抗曲線
H_1
h_1
$h_2/2$
ポンプ1台の単独運転（No.1またはNo.2）
Q
→水量

【（b）並列運転】

同一揚程では、水量が2倍

No.1ポンプ

No.2ポンプ

揚程
ポンプ2台の並列運転（No.1＋No.2）
配管の抵抗曲線
R
H_2
ポンプ1台の単独運転（No.1またはNo.2）
H_1
$Q_2/2$　Q_1　Q_2　　Q
→水量

POINT

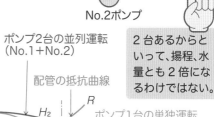

2台あるからといって、揚程、水量とも2倍になるわけではない。

10　搬送機器類②（送風機①）

送風機の種類①　▶▶　家庭用から工場用まで

　送風機は、空気調和の4要素の1つである気流に関係します。また、換気には欠かせないものです。送風機単体でダクト（風道）に接続するものもあれば、空調機やファンコイルユニットに組み込まれているものもあります。送風機は、**遠心式**（輻流式）と**軸流式**に大別され、以下の❶〜❸は軸流式、❹〜❿は遠心式に属します。

❶換気扇（プロペラファン）

　一般的には、家庭の台所で用いられる軸流送風機のもっとも簡単なもので、風の方向は、電動機の軸に沿って流れます。羽根の直径は10〜40cmまであって、静圧（空気を押し出す圧力）は0〜30Pa程度です。

❷圧力扇

　有圧換気扇とも呼ばれ、静圧が取れる（空気を押し出す圧力が大きい）換気扇をいいます。主に工場や厨房の排気などに用いられます。騒音が多少ありますが、風の流れがスムーズになるベルマウス（釣鐘状の板材）付きを使用すれば騒音は防げます。羽根の直径は、20〜50cm位まであります。

❸軸流送風機

　モーターを内部に取り付けた直結型と、ケーシングの外に取り付けたベルト駆動のものがあります。羽根の直径は20cm位から3m位までで、静圧は200〜600Pa程度、発生騒音は同じ能力の遠心式と比べて大きくなります。

❹多翼送風機

　シロッコファンや**マルチブレードファン**とも呼ばれ、建築の空調や換気設備の送風機にもっとも広く用いられています。静圧は100〜1,000Pa程度で、送風機のサイズを表現するのに羽根車の直径を150mmで割った値で、＃3（3番）とか＃$4\frac{1}{2}$（4番半）と呼んで区別しています。片吸込型と両吸込型があり、設置場所によってどちらかを選定します。また、消音ボックス入り送風機もあり、天井裏などに設置する場合に使用されています。送風機を天井吊りとする場合は、運転重量に十分耐えられる形鋼製の架台に取り付け、躯体に吊りボルトを堅固に取り付け、防振材を介して振動を防止します。送風機を床に設置する場合は、コンクリート基礎の上に形鋼製の架台を取り付け、防振材を介して振動を防止させます。

羽根を回転させて空気を送り出す機器

軸流式送風機

単板状の羽根車をモーターで回転させ、空気の吸込みと吹出しが軸方向（じくほうこう）で行なわれる。

【換気扇（かんきせん）】

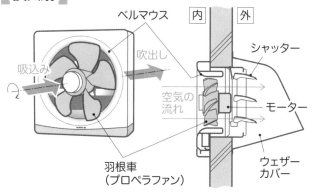

ベルマウス
内　外
吹出し
シャッター
吸込み
空気の流れ
モーター
羽根車（プロペラファン）
ウェザーカバー

【圧力扇】

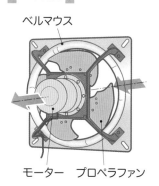

ベルマウス
モーター　プロペラファン

【軸流送風機】

羽根車
ケーシング
吹出し
吸込み

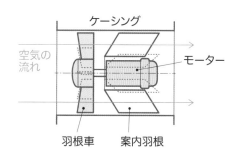

ケーシング
空気の流れ
モーター
羽根車　案内羽根

遠心式送風機①

ケーシング内の羽根車（シロッコファン）をモーターで高速回転させ、羽根車の軸方向から吸い込まれた空気が遠心力によって送り出される。

【多翼（たよく）送風機】

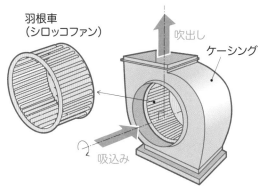

羽根車（シロッコファン）
吹出し
ケーシング
吸込み

床置きする場合の例

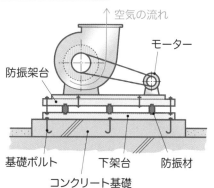

空気の流れ
モーター
防振架台
基礎ボルト　下架台　防振材
コンクリート基礎

63

11 搬送機器類③（送風機②）

■ 送風機の種類② ▶▶ 家庭用から工場用まで

⑤ターボ送風機

幅広の後向きの羽根が付いていて、効率は他の機種に比べて高く、高速ダクト方式の空調機に使われます。静圧は 1,250 ～ 3,000 Ｐａ 程度です。

⑥リミットロード送風機

多翼送風機とターボ送風機を組み合わせたもので、多翼型よりも羽根の数が少なくなります。静圧は 500 ～ 2,000Pa 程度で、片吸込型と両吸込型があります。

⑦天井扇（ダクト用換気扇）

吸込口ボックスの中にシロッコファンが入っている換気扇で、一般に浴室やトイレによく使用されています。脱衣室と浴室などの組み合わせで２室ないしは３室を１台でまかなう親子扇というものもあります。

⑧ラインフローファン

風は右図のように、軸を横切って流れる筒状の送風機で、ファンコイルユニットやエアコン、サーキュレーター（空気を循環させる装置）内に組み込まれています。

⑨バス換気乾燥機

一般住宅やマンションの浴室では、冬季に浴室換気をすると寒いため、浴室内で暖房を行なうようになりました。さらには、顔や髪に直接水濡れ感のない、微細ミストを生成させ、いわゆるミストサウナのような状態にできる機能や、また、浴室の中で洗濯物を乾燥させる機能も付いている換気扇が主流となってきました。

⑩全熱交換器

全熱交換器とは、空気中の全熱（エンタルピー：顕熱＋潜熱）を交換する装置をいいます。たとえば夏を例にとって説明すると、冷房した室内を換気すると、せっかく冷やされた空気が外に出てしまいもったいない、また、外から新鮮な空気を導入すると熱い空気が侵入してきて、室内をいくら冷やしてもなかなか室内が冷えてくれません。そこで、右図のような機構になっていると、外気と排気の全熱の差の約65～85％を回収し、空調負荷を約20％程度軽減することが可能です。その結果、空調エネルギーを削減することができ、省エネルギーに大きく貢献します。よって、この全熱交換器は、「省エネルギー型換気扇」ともいわれています。全熱交換器には、空調機に組み込むタイプと、ファンなどがパッケージ化されたユニットタイプがあります。

64

より便利に、省エネルギーを考慮したものも

遠心式送風機②

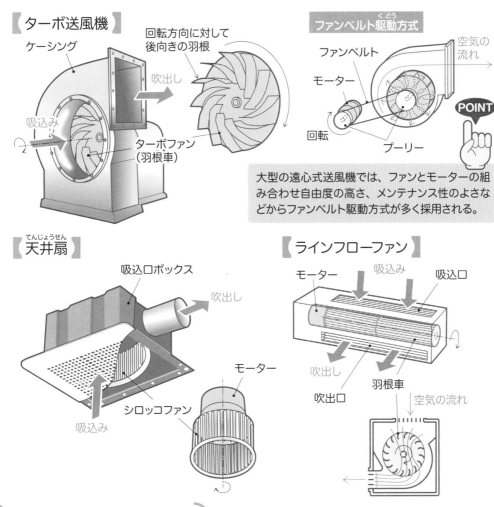

【ターボ送風機】

ケーシング

回転方向に対して後向きの羽根

吹出し

吸込み

ターボファン（羽根車）

【ファンベルト駆動方式】

ファンベルト

モーター

回転

プーリー

空気の流れ

POINT

大型の遠心式送風機では、ファンとモーターの組み合わせ自由度の高さ、メンテナンス性のよさなどからファンベルト駆動方式が多く採用される。

【天井扇】

吸込口ボックス

吹出し

モーター

シロッコファン

吸込み

【ラインフローファン】

モーター

吸込み

吸込口

吹出し

羽根車

吹出口

空気の流れ

全熱交換器のしくみ

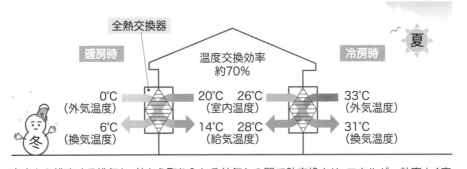

全熱交換器

夏

暖房時　　　温度交換効率約70%　　　冷房時

0℃（外気温度）　20℃　26℃（室内温度）　33℃（外気温度）

6℃（換気温度）　14℃　28℃（給気温度）　31℃（換気温度）

冬

室内から排出する排気と、外から取り入れる外気との間で熱交換させ、エネルギー効率よく室内の空気を入れ換える。

12 タンク類

空調におけるタンク ▶▶ 膨張水槽・熱交換器・貯油槽

　給排水・衛生設備におけるタンク類には、受水槽や高置水槽、貯湯槽（ストレージタンク）、膨張水槽（膨張タンク）、呼水槽などがありますが、空気調和設備におけるタンク類については、膨張水槽、熱交換器、貯油槽（オイルタンク）程度となります。

膨張タンクとは ▶▶ 加熱により膨張した水を吸収

　水の温度が上昇すると体積が膨張します。膨張タンクとは、ボイラや配管内の膨張した水（膨張水）を吸収するためのタンクをいいます。タンクには開放型と密閉型があります。**開放型膨張タンク**は、一般的に屋上に設置し大気に開放するものです。**密閉型膨張タンク**は、タンクの内部に装備されているダイアフラムやブラダに膨張水を吸収させるタンクです。密閉型の長所としては、循環水が大気に触れないので腐食しにくいことと、開放型では膨張水が大気へと蒸発して少なくなるのが、密閉型では蒸発しないため補給水が必要ないことです。また膨張タンクをボイラー室や機械室に設置できるため凍結の心配がありません。そのため、密閉型のほうが多く使用されています。なお、密閉型膨張タンクなどの圧力容器に関しては、**労働安全衛生法**、**労働安全衛生法施行令**および**ボイラー及び圧力容器安全規則**といった法規により規定されています。

熱交換器とは ▶▶ 多管式熱交換器

　熱交換器とは、温度の高い流体から低い流体へ効率的に熱を移動させる機器をいいます。ここでは、高温の水または蒸気によって低温の水を高温にする**多管式熱交換器**について説明します。多管式熱交換器は、**シェルアンドチューブタイプ熱交換器**ともいい、シェル（胴体）に多数のチューブ（伝熱管）を納めた構造となっています。この熱交換器は小さな空間の中で大きな伝熱面積を得られます。

オイルタンクとは ▶▶ 危険物取扱としての規制を受けるタンク

　オイルタンクは、重油や灯油など燃料用の油（危険物）を貯蔵するためのタンクをいい、大きく**地下埋設式タンク**と**地上型タンク**に分かれます。地下埋設式タンクは、一般的に地中に埋め貯油します。ボイラーなどの燃料として使用する場合は、使用する分をギアポンプなどで使用場所近くのオイルサービスタンクに移動させ、その後、重力によってボイラーなどへ供給します。なお、地下貯蔵タンクに関係する事項は、**危険物の規制に関する規則**に定められています。また、タンク容量が 200L 以上 1,000L 未満の灯油タンクは消防法上、**少量危険物貯蔵取扱所**に該当し、各市町村の火災予防条例の適用を受けます。

空調設備に使われるタンク類

タンクの種類

【膨張タンク】

開放型

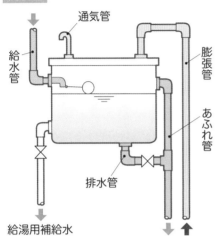

通気管
給水管
膨張管
あふれ管
排水管
給湯用補給水

高所に設置され、通気管によって大気に開放されている。

密閉型

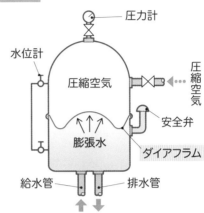

圧力計
水位計
圧縮空気
圧縮空気
安全弁
膨張水
ダイアフラム
給水管
排水管

ダイアフラムと呼ばれる隔膜により圧縮空気と膨張水が分かれており、タンクに膨張水が入ってくると、ダイアフラムが押され、タンク内に膨張水が収容される。

【熱交換器】

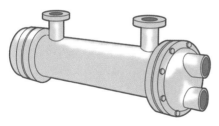

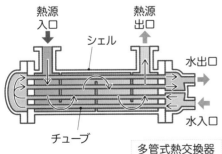

熱源入口
熱源出口
シェル
水出口
水入口
チューブ

多管式熱交換器

胴体に多数の伝熱管を配列し、伝熱管内と管外の流体間の熱交換を行なう。

【オイルタンク】

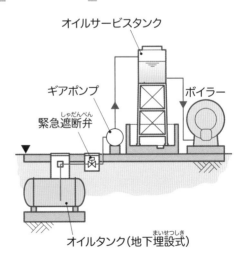

オイルサービスタンク
ギアポンプ
ボイラー
緊急遮断弁
オイルタンク(地下埋設式)

タンクローリーで運ばれてきた燃料用の油を貯蔵するためのタンク。油を使用する際はポンプなどでオイルサービスタンクに少量ずつくみ上げる。

13 空気浄化装置（フィルター）

エアフィルターの種類には ▶▶ 空気清浄器の濾材

空調設備に使用する**エアフィルター**を大別すると、**浮遊粉塵除去用**と**臭気ガス除去用**に分類されます。電気集塵器を除いて、一般的に繊維層の材質として金属やガラスやプラスチックを用いて不織布状、紙状、マット状に加工されています。この繊維は、直径 0.1 ～ 1.0mm φ 程度です。

ユニット型エアフィルターとは ▶▶ 濾材と枠が一体化したフィルター

枠内に納められた濾材で粉塵を濾過するもので、**乾式**と**粘着式**がありますが、ほとんどが乾式です。微細に特殊加工したガラス繊維を濾材とした**超高性能フィルター（ULPA フィルター）**は、クリーンルーム室や原子力施設等に使用されます。この捕集効率は、適応粒子 1 μm 以下で、重量法・比色法では 100％、計数法では 99.999％以上です。**高性能フィルター（HEPA フィルター）**もクリーンルーム室等で採用されています。この捕集効率も適応粒子 1 μm 以下で重量法・比色法では 100％です。ただし、計数法では 99.97％以上です。**中性能フィルター**は、ガラス繊維状のものもありますが、一般的に合成樹脂や不織布の濾材が多く、前処理用として使用されています。捕集効率は重量法で 99％、比色法で 60 ～ 90％、計数法では 30 ～ 80％程度です。

その他のエアフィルター ▶▶ 様々な集塵フィルター

自動巻取型エアフィルターは、ロール状にした濾材をモーターで自動的に巻き取らせるもので、捕集効率は重量法で 60 ～ 85％、比色法で 10 ～ 45％程度、計数法で 8 ～ 25％です。
衝突粘着式フィルターは、粘着油などが塗ってある濾材表面に粉塵を付着させて捕集するもので、厨房などのグリスフィルター（油を採るフィルター）としてオイルミストの捕集に使用されています。油付着率は 75％以上と総務省消防庁で定められています。

電気集塵器は、空気中の塵埃に高電圧を与え帯電させ、電極板に吸着させ捕集するもので、1 μm 以下の粒子が捕集できます。捕集効率は重量法で 99％、比色法で 70 ～ 95％程度、計数法では 60 ～ 70％程度です。

活性炭フィルターは、脱臭やガスの除去に使用されます。活性炭の種類としては、やし殻活性炭が一般的に使用されています。塩素ガス（Cl_2）や亜硫酸ガス（SO_2）などの比較的分子量の大きなガスの除去に対して有効です。

フィルターの捕集効率を測る試験方法については、右ページを参照ください。

粉塵やガスを除去して空気を浄化する

エアフィルターの種類

【 エアフィルターとは 】

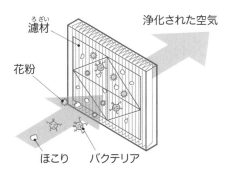

濾材（ろざい）
浄化された空気
花粉
ほこり　バクテリア

フィルターの濾材が粉塵などを捕集し、フィルターを通過した空気は浄化される。

【 ユニット型エアフィルター 】

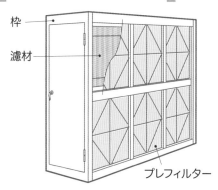

枠
濾材
プレフィルター

パネル交換形の濾材を納めたユニット化されたフィルター装置。

【 自動巻取型エアフィルター 】

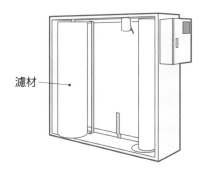

濾材

ロール状の濾材を装着し、濾材が汚れると自動的に巻き取る。

【 活性炭フィルター 】

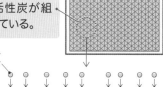

活性炭繊維（せんい）や粒状・粉末状活性炭が組み込まれている。

吸着物質
活性炭繊維

多孔質（たこうしつ）の活性炭の、ガスや臭気を吸収するという特性が空気浄化に利用される。

エアフィルターの試験方法

重量法	エアフィルターに捕集された粉塵量とエアフィルターを通過した粉塵量から捕集効率を求める。
比色法（変色度法）	エアフィルターの上流側と下流側から一定の空気をポンプで吸引し、測定用濾紙に通して濾紙の汚れを光学的に測定する。
計数法（DOP法）	エアフィルターの上流側と下流側から一定の空気をポンプで吸引し、粒子計数器で粉塵個数濃度を測定する。試験粉塵には均一なフタル酸ジオクチル（DOP）粒子を使用。

14　コンクリート基礎

■ 水セメント比で強度が決まる ▶▶ コンクリートの性質

　ここでは、ポンプや送風機などの機器を支えるコンクリート基礎について説明します。

　コンクリートは、セメントペースト（セメント＋水）と骨材（砂、砂利）を混ぜ合わせたものをいいます。砂を細骨材、砂利を粗骨材といい、モルタルはセメントと水と細骨材を練り混ぜたものをいいます。

　コンクリートの強さは、材齢 28 日（打設 4 週間後）の圧縮強さをいい、その強度は水セメント比で決まってきます。**水セメント比**とは、セメントの質量に対する水の質量の比をいい、一般的に 70％以下で使用します。水セメント比が小さい（水が少ない）ほど、コンクリート強度が高くなり、**中性化**（コンクリートはアルカリ性）も遅くなり、鉄筋コンクリートの場合、鉄筋が錆びにくくなります。スランプ値も強度に関係します。**スランプ値**とは、スランプコーンを引き上げた直後のコンクリート頂部の下がりを cm で表した数値で、コンクリートの軟らかさを示すものです。スランプ値の小さいものほど強度は大きくなります。

■ 設備機器を据え付ける台 ▶▶ コンクリート基礎

　コンクリート基礎工事は、一般的に屋上のように防水が絡んでくる場所での工事は建築工事とし、機械室など室内の基礎工事は設備工事としています。

　多量にコンクリートを使用する場合には、レディーミクストコンクリート（ready-mixed concrete：工場で練って現場に運ぶコンクリートのこと）とし、設計基準強度を一般的に 18 N /mm^2（スランプ値 18cm）としています。少量使用する場合は、現場練りとし、容積比を 1（セメント）：2（砂）4（砂利）程度とします。

■ ポンプ・送風機を据え付ける ▶▶ ポンプ・送風機の基礎

　ポンプや送風機のコンクリート基礎の高さは、点検や修理などに便利な高さとし、一般的に 150 ～ 300mm とします。防振基礎（防振ゴムや防振スプリングなどを介した防振架台を用いた基礎）の場合はコンクリート基礎の高さは 300mm ですが、基礎がずれないように無筋コンクリート（シンダーコンクリート）150mm としています。ポンプ類の基礎には、基礎の表面の排水溝に排水目皿を設け、最寄りの排水系統に間接排水とします。

■ 空調機を据え付ける ▶▶ 空調機の基礎

　空調機類のコンクリート基礎の高さは、一般的に 150mm ですが、空調機内のドレンパン（排水用受皿）が、送風機の運転時に負圧あるいは静圧となって、ドレンが正常に排水されなくなるのを防止するためのドレントラップの設置（高さ）に注意しましょう。

機器類の振動や荷重に耐え支える基礎

コンクリートの強度

圧縮強度が高いというコンクリートの特性を生かすため、適切な水セメント比を用いる。一方、コンクリートの流動性（打設のしやすさ）もコンクリート工事に重要な要素で、スランプ試験で確認する。

スランプ試験

| | | | 引き抜く |

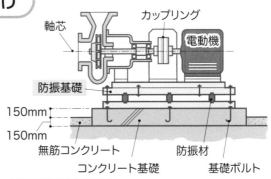

100mm
突き棒
スランプ値

300mm

200mm
スランプコーン

試料を3層に分けて入れ、1層ごとに25回均等に突きならす。

スランプコーンに詰められたコンクリート。

スランプコーンを引き抜くと頂部が下がる。

ポンプ・送風機の据付け

基礎の高さは150～300mm程度。機器の荷重や地震などに耐えられる床または地盤面に水平に設置する。また、ポンプ内部の軸芯、カップリング面、電動機などの水平、垂直に狂いがないよう据え付ける。

軸芯
カップリング
電動機
防振基礎
150mm
150mm
無筋コンクリート
コンクリート基礎
防振材
基礎ボルト

ポンプの据付けの例

空調機の据付け

コンクリート基礎上に防振パッドを敷き、機器を水平に据え付ける。ドレンパン内は空調機の運転時に負圧となるので、ドレン配管にトラップを設ける。

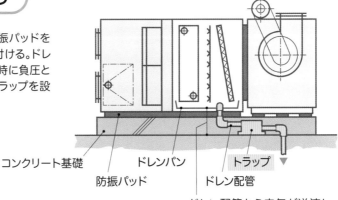

コンクリート基礎
防振パッド
ドレンパン
ドレン配管
トラップ

ドレン配管から空気が逆流しないよう十分な高さをとる。

Column   動物の建築用語 ── 犬走り、キャット・ウォーク、猫車

◆犬走り

　家の周囲を取り囲むように取り付けられた、幅1m前後の通路のことで、サイズや施工素材について明確な決まりはなく、家を保護する目的で施工されたものです。犬走りは泥・水跳ねから家を守る効果があります。昔の日本家屋には雨樋がなかったため、軒先に落ちた雨は地面で跳ね、家の壁を汚してしまうことがよくありました。これを防ぐために、砂利を敷いて泥や水が跳ねないようにしたのが犬走りです。

◆キャット・ウォーク

　建築英語の「狭い足場」の意味で、猫が通るような足場板・歩み板を意味します。キャット・ウォークは、天井高の高い銀行やホテルのロビーなどの天井内に、一時的な工事用としてだけでなく、竣工後の設備メンテナンス用としても、設置されています。

◆猫車（略称：ネコ）

　建築現場でコンクリート打設時に打設場所まで水平小運搬する際に使用する手押しの一輪車または二輪車のことをネコと呼んでいます。ネコの語源はいろいろありますが、ネコが通るような足場（キャット・ウォーク）を通ることができる車なのでネコと呼ばれるようになったようです。

第3章

空気調和設備の
付属機器・装置

本章では、第2章で紹介した空気調和設備の機器や器具類などに
連結し、空気調和設備が適切に機能するために補助的な働きをする
ダクトや配管について説明します。さらに、空気や水がダクトや配
管内をスムーズに移動するよう流量を調整するバルブや継手などの
弁類、快適な冷温風を送る吹出口・吸込口などの器具類、適量の風
量に調整するダンパーについて言及します。

1 ダクト設備

■ 四角いダクトと丸いダクト ▶▶▶ ダクトの種類

　空気調和機で目的に応じて調和された空気を、対象となる空間（室など）に供給・循環させるために空気を導く管を**風道**または**ダクト**といいます。空気調和機から室へ供給される空気を給気、室から空気調和機へ返される空気を還気といい、それぞれを導くダクトを**給気ダクト（サプライダクト）**、**還気ダクト（リターンダクト）**といいます。その他に、**外気取入れダクト**、**換気ダクト**、**排煙ダクト**などがあります。

❶長方形ダクト（角ダクト、矩形ダクトともいう）

　長方形ダクトは、亜鉛鉄板やステンレス鋼板などの板材と、ダクトの接続用フランジや補強材などによって構成されています。長方形ダクトの寸法は、長辺×短辺で表します。長辺と短辺の比を**アスペクト比**といい、たとえば、長辺が 1,000mm、短辺が 500mm のダクトのアスペクト比は 2 となります。アスペクト比が大きくなると摩擦抵抗が大きくなるため、一般的に 4 以下が望ましいとされています。また、ダクトは、風速によって低速ダクトと高速ダクトに分けられ、一般に、低速ダクトは 15m/s 以下（ダクト内圧＋ 500Ｐａ 以下または－ 500Pa 以内）、それを超えると高速ダクトになります。

❷円形ダクト（丸ダクトともいう）

　円形ダクトには、**スパイラルダクト**や**フレキシブルダクト**があります。材質は鋼板製やアルミ製が一般的ですが、樹脂製とする場合もあります。スパイラルダクトは鉄板をらせん状に巻き上げた製品で、接続方法には、**差込み接続**と**フランジ接続**があります。フレキシブルダクトは自由に曲がるので吹出口、吸込口を取り付けるときによく使用されます。

■ アングルフランジ工法とコーナーボルト工法 ▶▶▶ ダクトの工法

　一般の空調で使用される亜鉛鉄板製のダクト製作や取付けには、**アングルフランジ工法**と**コーナーボルト工法**があり、コーナーボルト工法には、**共板工法**と**スライド工法**があります。アングルフランジ工法はコーナーボルト工法に比べ強度や性能は優れていますが、リベットかしめ作業やフランジ接続のボルト締め作業などの工数が増えて高価になります。コーナーボルト工法はダクト製作、取付けともに省力化、合理化ができるので多く採用されています。

　長方形ダクトの補強の方法には、**ダイヤモンドブレーキ**、**補強リブ**の他、形鋼補強、タイロッドによる補強などがあります。また、ダクトの板材同士の継目には、**はぜ折り工法**という工法があり、**立てはぜ**、**甲はぜ**、**ピッツバーグはぜ**、**ボタンパンチスナップはぜ**があります。立てはぜはダクトの継目および補強の役目もします。

ダクトは空気の通り道

断面の形によるダクトの分類

【 長方形ダクト 】

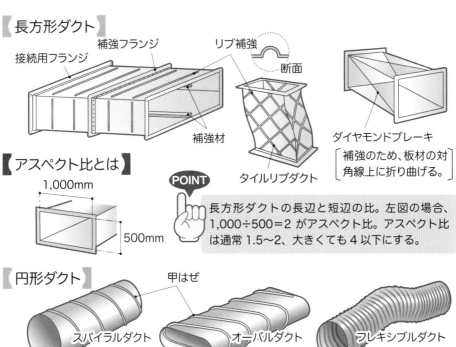

接続用フランジ　補強フランジ　リブ補強
断面
補強材
タイルリブダクト
ダイヤモンドブレーキ
[補強のため、板材の対角線上に折り曲げる。]

【 アスペクト比とは 】

1,000mm
500mm

POINT

長方形ダクトの長辺と短辺の比。左図の場合、1,000÷500＝2 がアスペクト比。アスペクト比は通常 1.5〜2、大きくても 4 以下にする。

【 円形ダクト 】

甲はぜ
スパイラルダクト　オーバルダクト　フレキシブルダクト

ダクトの接続方法

【 アングルフランジ工法 】

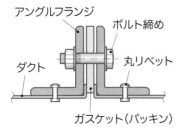

アングルフランジ
ボルト締め
ダクト
丸リベット
ガスケット（パッキン）

【 コーナーボルト工法 】

共板フランジ工法
フランジ押え金具（クリップ）
共板フランジ

スライドオンフランジ工法
フランジ押え金具（ラッツなど）
スライドオンフランジ

ダクトの継目

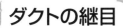

立てはぜ

甲はぜ

ピッツバーグはぜ

ボタンパンチスナップはぜ

第3章　空気調和設備の付属機器・装置

2 ダクト工事

施工における注意事項 ▶ ▶ ダクトの施工方法

送風機周りのダクト、ダクトの拡大および縮小、ダクトの曲がり、ダクトの分岐(ぶんき)などの施工方法、注意点について触れます。

❶送風機周りのダクト

送風機の吐出し直後のダクトに曲がり部（**エルボ**）を設ける場合は、送風機からの吐出し気流が送風機の回転方向に逆らわないようにします。逆方向になるような場合は、**ガイドベーン**（案内羽根）をエルボ部分に入れて流れをよくします。

送風機の吸込み側にはピアノ線入りのたわみ継手(つぎて)を使用します。

❷ダクトの拡大および縮小

ダクトを変形するときは、圧力損失をできるだけ少なくするように、元のダクトから拡大するダクトへの傾斜（拡大部分）は 15 度以内、縮小するダクトへの傾斜（縮小部分）は 30 度以内にします。これ以上の角度となる場合には案内羽根を設けます。また、ダクトの途中に再熱コイルなどを取り付ける場合は、拡大部分は 30 度以下、縮小部分は 45 度以下とし、この値を超える場合は分流板を設け、風量分布の均一化や圧力損失の低減を図ります。

❸ダクトのわん曲部（エルボ）

ダクトのわん曲部分をエルボといいます。内側半径は、長方形ダクトの場合はダクト幅の 1/2 以上が望ましいですが、現場での納まりの関係で小さな曲率で曲げるときは案内羽根を取り付けます。円形ダクトのエルボには、**ベンド形エルボ**と**5節エルボ**があり、内側半径は、ベンド形エルボはダクトの直径の 1/2、5節エルボはダクトの直径の 1.5 倍となります。

❹ダクトの分岐部

長方形ダクトの分岐方法には、**ベンド形分岐（割込み分岐）**と**直角分岐（ドン付け）**があり、分岐部で空気のうず流が発生しないようにします。ベンド形分岐の場合、主ダクトから分岐ダクトへの割込み部分の寸法は風量比によって決定されますが、狭くなりすぎると風量不足になるので注意します。一般には分岐ダクトへの割込み部分の寸法は 50mm 以上が望ましいとされています。

❺防火区画の壁の貫通(かんつう)について

ダクトが防火区画などを貫通する場合、躯体(くたい)とダクトの隙間(すきま)はロックウール保温材その他の不燃材料で埋めます。

空気の抵抗を抑える工夫

曲がり・分岐・大きさを変えるダクトの例

長方形ダクト用

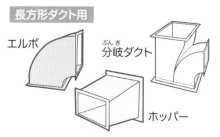

エルボ
分岐ダクト
ホッパー

円形ダクト用

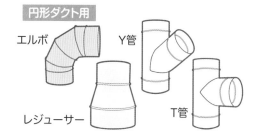

エルボ
Y管
レジューサー
T管

工事の際の注意事項

【 送風機との接続付近 】

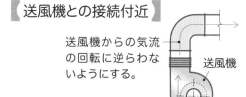

送風機からの気流の回転に逆らわないようにする。

送風機

ガイドベーン

気流の回転が逆になる場合に設置する。

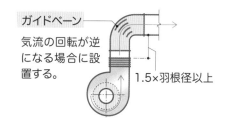

1.5×羽根径以上

【 ダクトの大きさを変える場合 】

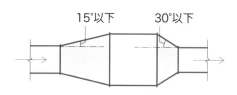

15°以下　　30°以下

【 再熱コイル周りなど 】

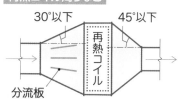

30°以下　　45°以下

再熱コイル

分流板

【 わん曲部の曲率 】

長方形ダクト

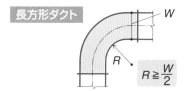

W

R

$$R \geqq \frac{W}{2}$$

円形ダクト

ベンド形

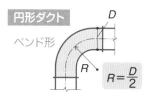

D

R

$$R = \frac{D}{2}$$

5節形

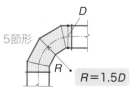

D

R

$R = 1.5D$

【 分岐の方法 】

ベンド形（割込み分岐）

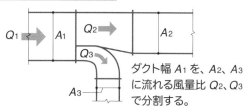

Q_1　A_1　Q_2　A_2

Q_3

A_3

ダクト幅 A_1 を、A_2、A_3 に流れる風量比 Q_2、Q_3 で分割する。

直角（ドン付け）

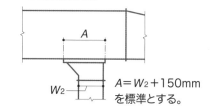

A

W_2

$A = W_2 + 150$mm を標準とする。

77

3 吹出口と吸込口

吹出口・吸込口の種類と特徴 ▶ ▶ **状況に応じた適切な設備を**

　空気調和機によって送風された空気は、サプライダクトを経由して室内に取り付けられている吹出口から送風されます。室内に送風された空気は、吸込口からリターンダクトを経由して空気調和機に戻ります。吹出口と吸込口の選択は、室の大きさを、取付位置は、室の大きさ、天井(てんじょう)高さ、気流の流れなどを考慮し、適切に設置します。

❶**格子型(こうしがた)吹出口**：格子型吹出口には、**ユニバーサル型**、**グリル型**があります。ユニバーサル型は、主に壁面吹出口に用いられ、羽根を縦方向（V）、横方向（H）、縦横方向（VH・HV）に格子状に取り付けたものです。羽根は可動するようになっており、吹出し方向を調整することができます。グリル型は羽根が固定されており、一般には吸込用に使われています。

❷**ノズル型吹出口**：吹出し空気の到達距離が長くできるので、大ホール、大会議室などの大空間の空調用に用いられます。また、発生騒音が比較的小さいので放送局のスタジオ等にも用いられています。なお、到達距離とは、吹出口から吹き出された空気の中心気流速度が0.25m/sとなった場所をいいます。

❸**スロット型吹出口（ブリーズライン型）**：縦横の比が大きい吹出口で線状の形をしています。ペリメーターゾーンの窓面に近い天井やインテリアゾーンの天井に取り付けられ、デザイン的にも好まれています。

❹**スポット型吹出口（パンカールーバー型）**：球面の一部にノズル型の吹出口を設けた形で、自在に吹出し方向を変えられます。工場や厨房(ちゅうぼう)などで局所用として用いられています。

❺**アネモスタット型吹出口**：複数枚のコーンによって放射状に天井から下方へ空気を吹き出すもので、気流分布がもっともよい吹出口です。

❻**パン型吹出口**：下部に取り付けたパン（板状のもの）に気流が当たって、水平方向に空気が吹き出すようになっています。

❼**多孔板型(たこうばんがた)吸込口**：代表的なものとしてパンチングメタル型がありますが、吸込面の自由面積比が小さくなるので、吸込面積が大きくなります。なお、自由面積比とは開口率のことです。

❽**マッシュルーム型吸込口**：劇場の客用座席の床面に取り付けて、空調のリターン空気吸込み用として用いられます。

空気の供給口と還気口

吹出口と吸込口の種類

【吹出口】

サプライダクトを通って送られてきた調和空気を室内に送るための入口。

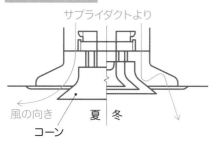

アネモスタット型

サプライダクトより

風の向き　　夏｜冬

コーン
風が流れる方向を導く板。夏の冷房時は下に、冬の暖房時は上に設定する。

【吸込口】

室内の空気をリターンダクトへ送るための出口。

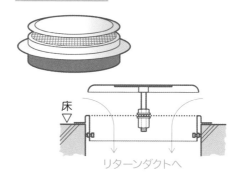

マッシュルーム型

床▽

リターンダクトへ

【吹出口と吸込口の取付位置】

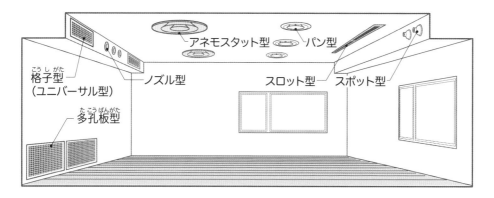

アネモスタット型　　パン型

格子型
（ユニバーサル型）

ノズル型

スロット型　　スポット型

多孔板型

吹出口での空気の状態に関する用語

【吹出温度差】

POINT

吹出口の出口空気の温度と室内温度との差。8〜12℃程度が適当とされる。

【吹出口誘引比】

$$吹出口誘引比 = \frac{一次空気量+二次空気量}{一次空気量}$$

一次空気量：吹出口から吹き出された空気の量

二次空気量：吹出口周辺の空気が一次空気によって引き込まれる（誘引される）空気の量

※吹出口誘引比が大きいほど、吹出温度差が大きくなる。

第3章　空気調和設備の付属機器・装置

4 ダンパー類

　ダンパーは、ダクト内を流れる空気の量を調節したり、ダクト内の空気が逆流するのを防いだり、火災などの緊急時にダクト内を閉止し延焼を防止したりする装置のことです。

❶風量調節ダンパー（VD：ボリュームダンパー）

　空調機、送風機のダクト吹出し側や吸込み側に取り付けて風量や静圧の制御をしたり、分岐ダクトやダクトの系統別の箇所に取り付けて風量の切替えや調整を行なう機器です。**バタフライダンパー**、**多翼ダンパー**、**スプリットダンパー**などがあります。

❷自動風量調節ダンパー（MD：モーターダンパー）

　風量の切替えや調整を自動的に電気や空気で操作するもので、逆流防止用にも用いられます。空気で操作する空気式は、圧縮空気を用いて羽根の開度を調節します。

❸逆流防止ダンパー（CD：チャッキダンパー）

　空気の逆流を防ぐため、一方方向の気流だけに開くもので、逆方向へは開きません。バランスウェイト付きの、風圧や風速などの条件に応じて調整できるタイプもあります。

❹防火ダンパー（FD：ファイヤーダンパー）

　一定温度に達するとヒューズが溶断する温度ヒューズを用いたダンパーです。一般には、ダクト内の空気温度が72℃以上になるとヒューズが溶けて、自動的にダンパーが閉じます。火がダクトを通って他の部屋に入るのを防ぐもので、防火区画を貫通する箇所に取り付けます。その他、外壁で延焼のおそれのある部分の開口部や、厨房の排気ダクトで火を使用するフードに接続する箇所に取り付けられます。厨房の排気フードに取り付ける場合は、標準融解温度が120℃のヒューズ、排煙用防火ダンパー（HFD）の場合は、標準融解温度が280℃のヒューズとします。

　FDの構造については、建設省告示第2565号に次のように規定されています。

- 連動閉鎖式装置の可動部部材は、腐食しにくい材料を用いること。
- 温度ヒューズが、該当温度ヒューズに連動して閉鎖するダンパーに近接した場所でダクトの内部に設けられていること。

❺煙感知器連動式（防煙）ダンパー（SD：スモークダンパー）

　煙感知器からの信号でダンパーを閉じるもので、ダンパーは電気や空気で操作します。ダクトが2以上の階にわたって防火区画を貫通する箇所で、竪穴区画を貫通するダクト部分に取り付ける場合は、FDを兼用するSFD（防煙防火ダンパー）が用いられます。

ダクト内を空気がスムーズに流れるために

いろいろなダンパー

【 風量調節ダンパー 】

バタフライダンパー

多翼ダンパー

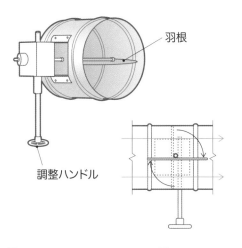

羽根

調整ハンドル

羽根

調整ハンドル

【 自動風量調節ダンパー 】

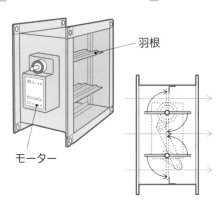

羽根

モーター

モーター駆動によりアームを動かし、ダンパーの開閉を行なう。

【 逆流防止ダンパー 】

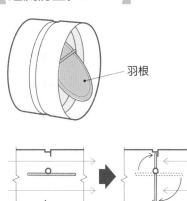

羽根

通常気流　　　逆風

【 防火ダンパー 】

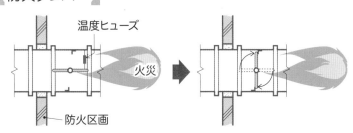

温度ヒューズ

火災

防火区画

72℃以上になると
温度ヒューズが切
れ、ダンパーがダ
クトを閉鎖する。

81

5 配管設備①

■ 空調設備の配管システム ▶▶ 配管方式の種類と特徴

　水配管システムには、一度使用した水（市水、井水、河川水など）を排水する**一過式**と、機器間をポンプで循環させる**循環式**とがあります。また、循環式システムの回路方式には、**密閉回路方式**と**開放回路方式**があります。密閉回路方式は、右図（a）のように冷凍機の冷水を空調機にポンプで送り循環させる方式をいいます。開放回路方式は、右図（b）のように冷凍機と冷却塔間を循環する冷却水配管で、冷却水が大気に開放されている方式をいいます。また、右図（c）のように**蓄熱槽方式**（112ページ参照）も開放式です。

■ 還水方式による分類 ▶▶ ダイレクトリターンとリバースリターン

　温水が放熱器などで熱を放出したあと、ボイラーに戻る還水の方式には、**直接還水（ダイレクトリターン）方式**と**逆還水（リバースリターン）方式**があります。ダイレクトリターン方式は、ポンプより近い機器から順番に接続する方式で、放熱器の遠近によって、流量のアンバランスが生じます。定流量弁を使用してもよいですが、故障したり、施工次第では配管のみのリバースリターン方式のほうが低価格となります。リバースリターン方式は機器への往き管と還り管の総延長（配管抵抗の合計）がほぼ等しくなるように、往き管は、ポンプから近い機器（放熱器）へ接続し、還り管は最初に接続した機器（放熱器）からの還水が一番最後になるよう配管し、流量のバランスを取っています。

■ 冷温水配管方式 ▶▶ 定流量方式と変流量方式

　水の搬送方式には、**定流量方式**と**変流量方式**があります。定流量方式は、負荷の変動に対応して、空調機の冷（温）コイル内の循環水量を3方弁を設けて調整するシステムです。制御が簡単で一般に広く用いられていましたが、常に一定のエネルギーを消費するため、省エネルギーの観点から、変流量方式に切り替わってきています。変流量方式は、負荷の変動に対応して、空調機の冷（温）コイル内の循環水量を2方弁を設けて調整するシステムです。負荷状況に合わせて流量が変動する方式で、負荷に合わせた台数制御や変流量制御（インバーター制御：回転数制御）を取り入れた方式です。

■ 蒸気配管方式 ▶▶ 真空還水方式（低圧）と重力還水方式（低圧・高圧）

　蒸気配管には、**真空還水方式**と**重力還水方式**があります。真空還水方式は、還水管に真空給水ポンプを用いて、還水管内の圧力を真空に保ち、凝縮水と空気を強制的に吸引する方式です。重力還水方式は、放熱器からの凝縮水を、1/100程度の勾配をつけた還水管で、重力によってボイラーや還水槽に返す方式です。

水を機器に送るための配管システム

水が循環する回路方式

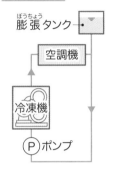

(a) 密閉式

膨張(ぼうちょう)タンク
空調機
冷凍機
P ポンプ

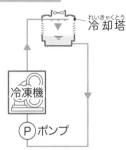

(b) 開放式

冷却塔(れいきゃくとう)
冷凍機
P ポンプ

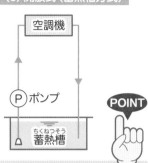

(c) 開放式(蓄熱槽方式)

空調機
P ポンプ
蓄熱槽(ちくねつそう)

 POINT

開放式は腐食が起こりやすいため水質管理が必要。また、ウォーターハンマーにも注意しなくてはならない。

還水の方法

【 直接還水(かんすい)(ダイレクトリターン)方式 】

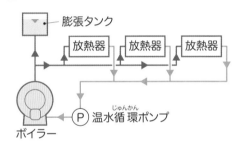

膨張タンク
放熱器　放熱器　放熱器
P 温水循環(じゅんかん)ポンプ
ボイラー

【 逆還水(リバースリターン)方式 】

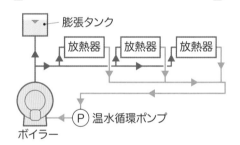

膨張タンク
放熱器　放熱器　放熱器
P 温水循環ポンプ
ボイラー

蒸気を通す配管の方式

【 真空還水方式 】

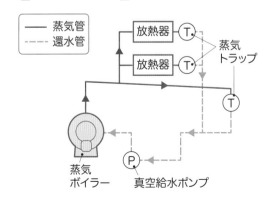

── 蒸気管
--- 還水管

放熱器 T
放熱器 T
蒸気トラップ
T
蒸気ボイラー
P 真空給水ポンプ

【 重力還水方式 】

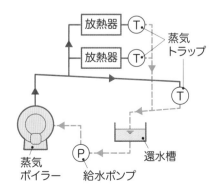

放熱器 T
放熱器 T
蒸気トラップ
T
蒸気ボイラー
P 給水ポンプ
還水槽

6 配管設備②

空調に使用される配管材 ▶▶ 配管材の種類と特徴

配管材にはいろいろありますが、一般的に空調で使用される①配管用炭素鋼鋼管（白）（黒）、②圧力配管用炭素鋼鋼管、③硬質ポリ塩化ビニル管、④一般配管用ステンレス鋼鋼管、⑤水道用硬質塩化ビニルライニング鋼管、⑥銅管について述べることにします。配管用炭素鋼鋼管（白）は冷温水、膨張管に、配管用炭素鋼鋼管（黒）は油、蒸気管に、硬質ポリ塩化ビニル管はドレン管に、一般配管用ステンレス鋼鋼管と銅管は冷温水管に、水道用硬質塩化ビニルライニング鋼管は冷却水管などに使用されています。

❶配管用炭素鋼鋼管（SGP：JIS G 3452）

通称**ガス管**と呼ばれ、**白ガス管**と**黒ガス管**があります。白ガス管は黒ガス管に亜鉛めっきを施したもので、よく使用されています。製造方法によって**鍛接鋼管**と**電縫鋼管**（電気抵抗溶接管）があり、電縫鋼管は**溝状腐食**が発生しやすいので注意が必要です。最高使用圧力は1.0MPa、使用温度は－15～350℃程度です。

❷圧力配管用炭素鋼鋼管（STPG：JIS G 3454）

通称**スケジュール管**と呼ばれ、SGPより高い圧力のときに使用されます。スケジュール番号（10・20・30・40・60・80）が大きくなるほど肉厚で、最高使用圧力は10MPaです。

❸硬質ポリ塩化ビニル管（VP、VU：JIS K 6741）

水道用硬質ポリ塩化ビニル管（JIS K 6742）を除き、一般流体輸送配管に用い、肉厚により厚いVPと薄いVUの2種類があります。VPの最高使用圧力は1.0MPa、VUは0.6MPaです。

❹一般配管用ステンレス鋼鋼管（SUS：JIS G 3448）

最高使用圧力2.0MPa以下で使用される薄肉管です。耐久性、耐衝撃性に優れ、他の金属管に比べ軽く、機械的性質がよいので施工性に優れています。

❺水道用硬質塩化ビニルライニング鋼管（SGP-VA、VB、VD：JWWA K 116）

内面の腐食を防ぐために鋼管の内部に塩化ビニル管を挿入したもので、耐圧性、耐衝撃性、持続性にも優れています。

❻銅管（CuP：JIS H 3300）

耐食性に優れ、電気伝導度や熱伝導度が比較的大きく、施工性に富んでいます。一般に使用されているものは**りん脱酸銅継目なし管**で、電気銅をりん脱酸処理して冷間引抜法などによって作られた継目のない管です。肉厚によってK、L、Mタイプがあり、Kタイプがもっとも肉厚です。

使用箇所により使いわけられる配管材

配管材の種類

【 配管用炭素鋼鋼管 】

白ガス管

鋼管

亜鉛(あえん)めっき

黒ガス管

鋼管

施工、溶接が容易で耐熱性に優れるが、腐食への注意が必要。

電流を流して高熱にした状態で溶接する電縫(でんほう)鋼管は溝(みぞ)状の腐食が起こりやすい。

【 圧力配管用炭素鋼鋼管 】

スケジュール番号とは

外径ごとに肉厚の異なる管があり、スケジュール番号がその肉厚を表す。

〔呼び径50Aの例〕

外径 60.5mm

外径 60.5mm

呼び厚さ
スケジュール20
肉厚 3.2mm
単位質量 4.52kg/m

呼び厚さ
スケジュール60
肉厚 4.9mm
単位質量 6.72kg/m

【 硬質ポリ塩化ビニル管 】

VP（厚肉）

〔呼び径50の例〕

外径 60mm

VU（薄肉）

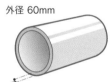

外径 60mm

肉厚 4.1mm
単位質量1,122g/m

肉厚 1.8mm
単位質量 521g/m

軽量で耐食性が高いが、強度が小さく熱に弱い。

【 一般配管用ステンレス鋼鋼管 】

〔呼び径50Aの例〕

外径 60.5mm

SUS304

スケジュール5S
肉厚 1.65mm
単位質量 2.42kg/m

さびにくく耐食性、耐摩耗性(たいまもうせい)に優れる。

【 水道用硬質塩化ビニルライニング鋼管 】

硬質塩化ビニル

硬質塩化ビニル

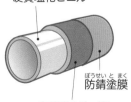

防錆塗膜(ぼうせいとまく)

鋼管（黒ガス管）

鋼管（白ガス管）

耐熱、耐圧、耐衝撃性に優れる。鋼管の持つ強度と硬質塩化ビニルの耐久性をあわせ持つ。

【 銅管 】

りん脱酸銅継目(つぎめ)なし管

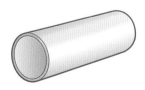

りんを添加し、酸素を除去した銅管。

7 配管の付属品①

　弁とは、配管の途中に取り付けられ、水の流れの開閉をしたり、流量を調節したり、また逆流を防いだりするものです。一般用バルブとして、①仕切弁（gate valve）、②玉形弁（globe valve）、③バタフライ弁（butterfly valve）、④ボール弁（ball valve）などがあります。

❶仕切弁（ゲート弁、スルース弁）

　弁の材質には青銅製、鋳鉄製、鋳鋼製があり、接続形式にはねじ込み形とフランジ形があります。

　仕切弁は、弁体が弁座内を垂直に上下して水を遮断するしくみとなっています。圧力損失は他の弁に比べ小さく、ハンドルの回転力は玉形弁に比べ軽くなっています。この弁は、基本的には、全開か全閉でのみ使用する弁です。なお、弁棒のねじ部が流体に直接触れない構造の外ねじ仕切弁は、信頼性が高く、高温や高圧の配管に用いられます。しかし、開閉に時間がかかり、半開状態で使用すると、流体抵抗が大きく振動が起きやすくなります。

❷玉形弁（グローブ弁、ストップ弁、球形弁）

　仕切弁と同じく、弁の材質には青銅製、鋳鉄製、鋳鋼製があり、接続形式にはねじ込み形とフランジ形があります。

　玉形弁は、ハンドルを回転させると弁棒のねじによって弁が上下し、弁座との間隔が変わり流量の調節をするしくみとなっています。この弁は、開閉に時間がかからず、流量調節に適しています。しかし、圧力損失は大きくなります。

❸バタフライ弁

　弁の中心軸に弁体が取り付けられており、軸が回転すると弁体も回転し、流体の開閉と同時に流量の調整も行なうしくみとなっています。開閉に力がかからず、操作が簡単で場所をとりません。しかし、流体の多少の漏れがあります。

❹ボール弁

　ボール状の弁体に管径と同じ穴が開いているので、流体抵抗はほとんどなく、渦流や脈動も起こりません。開閉が短時間ででき、ハンドルの位置で開閉状態が一目でわかります。ただし、配管システムによっては**ウォーターハンマー**が起きるおそれがあります。

配管内の水の流れを制御する機器

弁の種類

【仕切弁】

外ねじ仕切弁

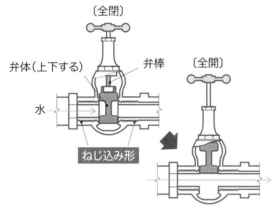

〔全閉〕

弁体（上下する） 弁棒

〔全開〕

水

ねじ込み形

弁棒のねじ部が弁体の外部（上部）に取り付けられて
いるため、ねじ部が直接流体に接しない。

内ねじ仕切弁

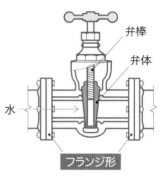

弁棒

弁体

水

フランジ形

弁棒のねじ部が弁体の内部に組
み込まれており、弁全体の高さを
おさえられるが、弁棒のねじ部が
常に流体に接している。

【玉形弁】

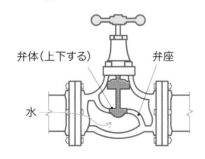

弁体（上下する） 弁座

水

ハンドルを回すと弁が上下して弁体と弁座の間
隔を広げたり狭めたりする。

【バタフライ弁】

弁体（回転する）

水

ハンドルを握ると弁棒を軸に弁体が
回転する。

【ボール弁】

ハンドルを回すとボール
状の弁体も回転し、水路
の開閉を行なう。

弁体（回転する）

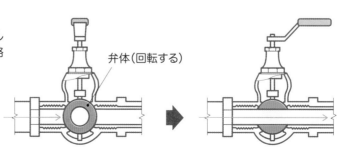

8 配管の付属品②

いろいろな弁と継手 ▶▶ バルブおよび継手類の種類と特徴

次に、① 逆止弁（check valve）、②ストレーナー（strainer）、③防振継手（flexible joint）、④伸縮継手（expansion joint）、⑤スイベルジョイント、⑥リフトフィッティングについて述べることにします。

❶逆止弁（チェッキ弁）

逆止弁には、**スイング式**と**リフト式**があります。スイング式は、水平方向、垂直方向に使用でき、リフト式は、水平方向のみに使用できます。また、ウォーターハンマー防止用として**衝撃吸収式逆止弁**（スプリングと案内バネで構成）があります。

❷ストレーナー

ストレーナーは、配管中のごみ（鉄くずなど）を取る役目をし、弁類などの操作障害や損傷を防ぎます。Ｙ型ストレーナー、Ｕ型ストレーナー、オイルストレーナーなどがあります。

❸防振継手（フレキシブル継手）

防振継手は、軸に垂直方向のたわみやねじれ、機器の振動などを吸収する役目をします。また、騒音防止にも用いられます。合成ゴムやステンレスでできています。

❹伸縮（管）継手（エキスパンション継手）

防振継手が軸に垂直方向の伸縮を吸収するのに対して、伸縮継手は、配管の軸方向の伸縮を吸収する役目を持っています。配管の温度変化による伸縮を吸収するための継手です。伸縮継手には、**すべり伸縮継手（スリーブ形伸縮継手）**、**ベローズ形伸縮継手**、**ベンド継手（たこベンド）**などがあります。一般的に使用されるベローズ形伸縮継手には、単式と複式があり、それぞれ取付け方が異なるので注意しましょう。単式は１方向の管を固定するもので、１方向の変位を吸収する場合に設けます。複式は、継手本体を固定し、２方向の変位を吸収する場合に設けます。

❺スイベルジョイント

伸縮継手を使用しなくてもすむ程度の伸縮であれば、２個以上のエルボを用いて、伸縮を吸収させる簡単な方法です。温水の場合は３クッション、蒸気の場合は４クッション程度とします。

❻リフトフィッティング（吸上げ継手）

蒸気配管における真空還水式（98 ページ参照）のリフトフィッティングは、還水管が真空ポンプに向かって先下がり勾配をとれないときや、還水管を立ち上げたいときに用います。

88

配管の損傷や騒音などを防ぐ機器

 弁と継手類の種類

【逆止弁】

スイング式

リフト式

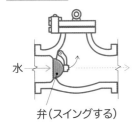

水

弁（スイングする）

弁（上下する）

水を1方向のみに流し、反対方向からの流れを防ぐしくみとなっている。

【ストレーナー】

Y型ストレーナー

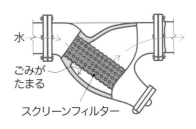

水

ごみがたまる

スクリーンフィルター

水に含まれるごみをフィルターが捕える。

【防振継手】

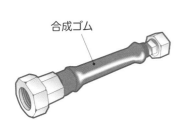

合成ゴム

合成ゴムなどの伸縮性のある管が振動などを吸収する。

【伸縮継手】

ベローズ形伸縮継手

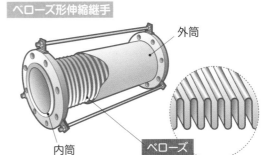

外筒

内筒

ベローズ

温度の上昇による伸び、下降による縮みをベローズ（波状に加工された伸縮性のある管）が吸収する。

【スイベルジョイント】

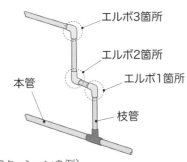

エルボ3箇所

エルボ2箇所

本管

エルボ1箇所

枝管

〔3クッションの例〕

枝管の変位を吸収するために、2個以上のエルボを用いて旋回させる。

【リフトフィッティング】

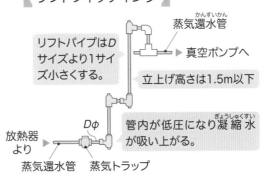

蒸気還水管

リフトパイプはDサイズより1サイズ小さくする。

→ 真空ポンプへ

立上げ高さは1.5m以下

放熱器より

$D\phi$

管内が低圧になり凝縮水が吸い上がる。

蒸気還水管　蒸気トラップ

管内の凝縮水を真空ポンプに吸い上げるための継手。

9 配管の施工法

配管の接合方法 ▶▶ ねじ接合、ガス溶接、アーク溶接など

配管の接合方法には、ねじ接合、ガス溶接、アーク溶接、フランジ継手接合、カラー接合、熱溶着、冷間接着などがあります。

ねじ接合は、管の雄ねじを雌ねじにねじ込んで接続するものです。管用ねじには、テーパーねじと平行ねじがあり、一般的にテーパーねじを使用します。

ガス溶接は、接合する部分をガスで溶かして接続する方法です。接合方法が簡単で、設備費が安く、運搬が便利ですが、アーク溶接に比べ加熱時間が長く熱効率が悪くなります。

アーク溶接（電気溶接）は、アーク放電を利用するもので、**被覆アーク溶接**（手溶接で、アーク電流があまり変動せず安定している溶接）、**サブマージアーク溶接**（自動溶接で大電流で溶接）、**イナートガスアーク溶接**（不活性ガスを用いて溶接）、**炭酸ガスアーク溶接**（二酸化炭素を用いた半自動溶接）、**TIG**（タングステンを使用し、主に空調配管の手溶接）、**MIG**（メタルを使用した大型溶接）があります。

自動金のこ盤や高速グラインダーなどによる切断 ▶▶ 配管の切断方法

配管の切断方法としては、高速グラインダーによる切断、パイプカッターによる切断、ガス溶断、自動金のこ盤による切断などがありますが、自動金のこ盤による切断以外は熱が生じやすく、塩化ビニル系の管には使用できません。

衝撃に耐えられるよう支持を設ける ▶▶ 配管の支持方法

配管は、管、管内流体、保温材の重量、振動衝撃などに耐えられる構造でなければなりません。配管の曲がり部や分岐部分などの近くは必ず支持をします。

たとえば、銅管を鋼製金物で支持する場合は、ゴムなどで管を保護して支持をし、また、ステンレス鋼管を鋼製金物で支持する場合は、絶縁材を配管の外側に巻いてから支持をします。温度変化による管の伸縮を支持する場合、横引き管は、**継ぎ足しフック**、**受けローラー**などによって滑らせます。また、伸縮継手を取り付けた配管には、その伸縮の起点として固定支持金物を設けます。単式伸縮継手は、配管の固定部に取り付けて片側にガイドを設け、複式伸縮継手は、継手本体を固定して両側にガイドを設けるようにします。

ステンレス鋼管や銅管の支持および固定に鋼製金物や鋳鉄製の金物を使用するときは、合成樹脂を被覆した支持および固定金物を使用するか、ゴムシートもしくは合成樹脂の絶縁テープ等を介して取り付けます。

温度変化や振動などに耐えられるように

配管の接合

【ねじ接合】

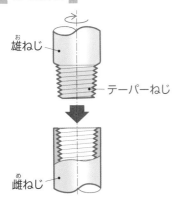

テーパーねじ

ねじの直径が先に向かって小さくなっている形のねじ。

【アーク溶接】

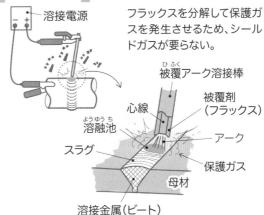

フラックスを分解して保護ガスを発生させるため、シールドガスが要らない。

被覆アーク溶接棒
被覆剤（フラックス）
心線
溶融池
スラグ
アーク
保護ガス
母材
溶接金属（ビート）

溶接棒と母材の間に高熱のアーク放電を行ない、その熱で溶接する。

配管の支持

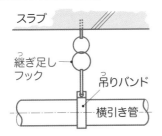

スラブ
継ぎ足しフック
吊りバンド
横引き管

フックを継ぎ足すことにより、管に作用した振動衝撃を可動のフックが吸収する。

壁
管
受けローラー
アンカー
三角ブラケット

管の伸縮量が大きい場合は、固定支持を起点に管が軸方向に円滑に滑るように受けローラーを設置する。

単式伸縮継手の場合

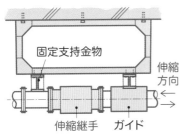

固定支持金物
伸縮方向
伸縮継手　ガイド

固定支持金物を起点に、管が軸方向に伸縮する。

複式伸縮継手の場合

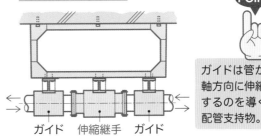

ガイド　伸縮継手　ガイド

継手を起点に、両側に向かって伸縮する。

POINT

ガイドは管が軸方向に伸縮するのを導く配管支持物。

91

10 保温・保冷

保温・保冷に使用する素材の温度の限度 ▶▶ 保温・保冷材の最高使用温度

保温（保冷）とは、一般的に温度を保つことをいい、冷・温水、冷・温風の温度を外部に逃がさないようにします。保温・保冷は空調をするにあたっての効率に大きく影響するため、機器や配管などに適切な保温・保冷材を施します。これに対して**防露**という言葉があります。防露とは、露を防ぐことをいい、排水管（＝ドレン管）などに露がつかないようにします。保温材は吸湿・吸水性が小さいものがよいでしょう。

各保温材の最高使用温度は、一般的にロックウール 600℃、グラスウール 300℃、ウレタンフォーム 100℃、フォームポリスチレン（ポリスチレンフォーム）70℃程度といわれています。

保温材の厚さ ▶▶ 保温厚

保温の厚さとは、一般に保温材、外装材、補助材のうち保温材自体の厚さをいいます。保温の厚さは、保温の種別、および保温する機器や材料によって異なります。

グラスウールの例を示すと、冷凍機、冷温水ポンプは 50mm、空気調和機、送風機は 25mm、ダクトは 25mm、冷温水・冷水管は 30mm（15〜25A）、40mm（32〜200A）、温水管は 20mm（15〜80A）、25mm（100〜150A）、蒸気管は 20mm（15〜25A）、30mm（32〜50A）、40mm（65〜300A）の厚さと決められています。

参考として、給水管、排水管、給湯管は 20mm（15〜80A）、25mm（100〜150A）です。

外装材による仕上げ ▶▶ 外装材の種類と施工

仕上げに用いる外装材としては、綿布、ガラスクロス、アルミガラスクロス、ビニルテープ、アスファルトジュートテープ、亜鉛鉄板、着色亜鉛鉄板、ステンレス鋼板などがあります。

一般的に、保温筒の上を防水麻布テープ巻仕上げする場合は、保温筒＋鉄線＋ポリエチレンフィルム＋防水麻布＋アスファルトプライマーとしています。クッション性のあるグラスウール保温筒の上を綿布巻仕上げする場合は、外装下地として整形用原紙を用います。グラスウール保温筒１本につき２箇所以上、鉄線で巻き締めます。屋内露出冷温水配管で、呼び径 65 以上の弁・ストレーナーなどは、ビスなどで容易に着脱できる金属製カバーによる外装や、表面がシリカ繊維などで中にロックウールなどの保温材が詰められているバルブカバーを施します。屋外露出や多湿箇所の保温の防湿層としては、ポリエチレンフィルムを用います。

管内の温度を外部に逃がさない

保温・保冷の目的

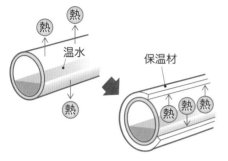

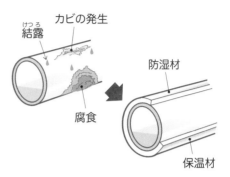

保温（冷）材を施すことで、熱エネルギーを無駄にせず、効率的に（冷）暖房が行なえる。

管に結露などが発生することを防ぐため、必要箇所に防湿材や断熱材を施す。

外装材による仕上げ

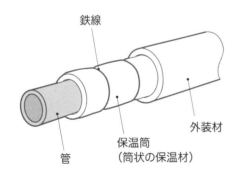

通常、管に保温筒を取り付け、鉄線でしっかり固定する。その上に、見栄えや防水、衝撃の保護などのために外装を施す。

【 保温と外装の施工例 】

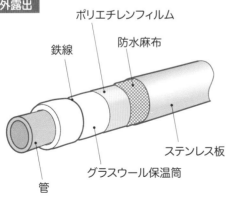

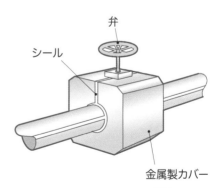

弁には、ステンレス板や着色亜鉛鉄板などの金属製カバーの外装を使用。内部に保温材を充填する。

第3章　空気調和設備の付属機器・装置

93

Column　建築工事と用語

　建築工事で使われている用語は、昔から身の回りにある人物、動作、魚介類、動物、昆虫などから感じ取ったものが多数使われています。知っているもの、興味をそそるものは、ありますか？

めのこ　　　計算機や電卓を使わないで、目算・目分量でおおよその金額を出すことを言います。目は、目安、サイコロの目などの目を指します。

棒心（ぼうしん）　職種によっては、小頭、組長、工長とも呼び、世話役のことを言います。

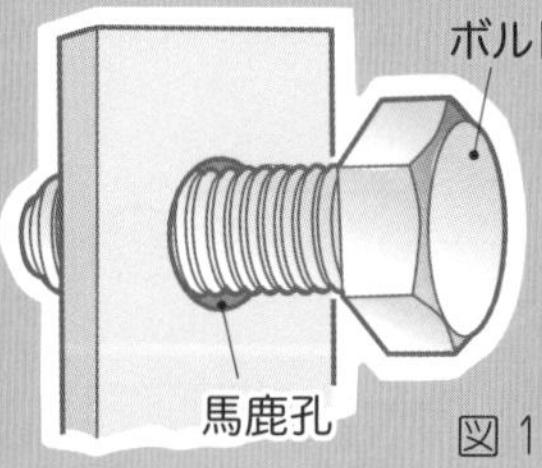

馬鹿孔（ばかあな）　ボルトを通しやすいように、少し余裕を付けた径の穴、または、径が大きすぎるボルトの穴を言います（図1）。

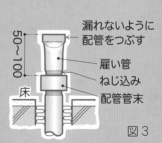

ボルト
馬鹿孔
図1

インチコ　　現場の職人さんが、よく使う配管口径の呼び方で、1 + 1/4 インチ（32A）のことです。「コ」は、1/4 のことで、1インチクォーターを詰めて呼んだものです。

いきている　現在布設されている配管や、配線などの活用実態を示す慣用語で「使用している」「活用している」の意味で、「この給水管は、生きている」などと言います。

ひょっとこ　配管の継手（つぎて）で、大口径から極端な小口径に変わる異径エルボのことで「ひょっとこ面」の口にたとえたものです（図2）。

異径エルボ
ひょっとこ
図2

雇い管（やといかん）　完了した配管管末の管端開口部の水平性、垂直性を確認するため、その開口部に仮にねじ込む長さ 50 ～ 100mm の短管を言います（図3）。

漏れないように配管をつぶす
50～100
雇い管
ねじ込み
床
配管管末
図3

第 4 章

直接暖房から地球環境へ

半世紀前までは、空気調和設備と呼ばず、冷暖房設備と呼び、室内を冷やし、暖めるのが目的とされてきました。現在は、「快適環境」「省エネルギー」「地球温暖化対策」が重視され、健康管理までもが当然のこととして空気調和設備の中に取り入れられ、環境面への影響も大きいため、地球環境を考えるうえで空調設備が重要な位置付けになっています。

この章では、温水、蒸気を使った暖房方式から、放射暖房、氷蓄熱、新エネルギー、コージェネレーションといった環境を配慮した技術について学んでいきます。

1 直接暖房の種類と特徴

対流暖房と放射暖房 ▶ ▶ 直接暖房の方式

直接暖房は、室内に設置された放熱器へ温水や蒸気を直接供給する暖房方式のことで、**対流暖房**と**放射暖房**に分けられます。

放熱器（コンベクター、ベースボードヒーター等）を室内に置くと、床面と天井面との間に温度差が生じ、下から上へと空気の流れ（自然対流）が発生します。この自然対流を利用したものを対流暖房といい、**温水暖房**と**蒸気暖房**に分けられます。

放射暖房は、**輻射暖房**ともいいます。天井、壁、床そのものを放射面として、輻射熱により暖房をする方式で、次のようなものがあります。

❶**放射パネル方式**：パネルに加熱コイルを設置した方式で、低温方式、高温水や蒸気を利用した高温方式があります。

❷**電気パネル方式**：電熱線を絶縁材料で被覆し、パネルの表面を加熱します。

❸**赤外線方式**：燃焼ガスや電熱を使って、赤外線を放出させるため、電熱器の表面温度を800〜1,000℃に加熱する方式です。

室内に温度差が生じるか ▶ ▶ 対流暖房と放射暖房の比較

室内の温度分布は、対流暖房の場合、天井の近くは温度が高く、床に近いほど温度が低くなります。また、放射暖房は、室内の上下方向にほとんど温度差がなく、一定温度が保てます。

低温水暖房と高温水暖房 ▶ ▶ 温水暖房の構成

温水暖房は、温水ボイラー、温水配管、温水循環ポンプ、放熱器、膨張タンクなどで構成されます。温水ボイラーからの温水は、温水循環ポンプを使って放熱器に送り、室内暖房として利用します。**放熱器の温水温度**は、一般的に **50〜80℃位**の範囲で使用されますが、**120〜180℃**の高温水を使った**高温水暖房**があります。高温水暖房は主として大規模な建築物や地域暖房などに採用されています。

地域暖房は、都市や公共施設、産業施設の地域内中央に設けられた熱源プラント（熱を供給する源）から、高温水または蒸気を地域内の建物に供給し、暖房する方式です。**地域冷暖房**は、地域暖房に冷房を加えたもので、高温水、蒸気などの他に、冷水を配管で供給するシステムをいいます。日本では、1970年の大阪万博を契機に地域冷暖房が開始されました。現在国内で新しいものに、東京墨田区の「東京スカイツリー地区」の熱供給施設があります（供給開始：サブプラント 2009年9月、メインプラント 2012年1月）。

温水や蒸気を直接、放熱器に供給

 直接暖房の2方式

【 対流暖房 】

温風を自然対流させて室内を暖める。室内の温度にムラが生じやすい。

【 放射暖房 】

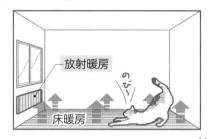

床面や壁面に暖房器を設け、そこからの輻射熱により室内を暖める。

 温水暖房

温水ボイラーで作った温水を温水循環ポンプで放熱器に送り、空気を加熱する。

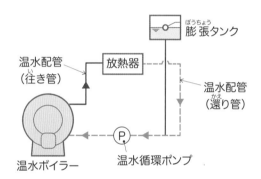

【 地域冷暖房とは 】

建物ごとに熱源を作るのでなく、熱源プラントで熱媒を作り、一定地域内の建物に供給する。省エネルギー、環境保全、省スペースなどの効果が期待できる。

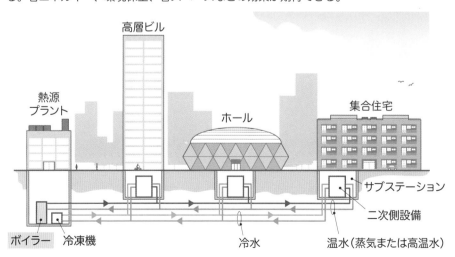

② 蒸気暖房

■ 圧力の大小や配管方式によって分類される ▶▶ 蒸気暖房の分類

　蒸気暖房は、蒸気圧力、配管方式、凝縮水（ドレン）の還水方式によって分類され、特徴としては、予熱時間が短く始動も速いので、間欠運転に適しています。

❶蒸気圧力による分類

　一般的に、蒸気圧力が0.1MPa（G）を超えるものを**高圧蒸気**、0.1MPa（G）以下を**低圧蒸気**と呼んでいます。高圧蒸気は、低圧蒸気配管より配管サイズが細くなり、経済的な面があります。しかし、放熱器の放熱面温度も高くなり臭気が発生するため、不快感が大きく暖房向きでないので、一般の蒸気暖房には低圧蒸気が用いられます。

❷配管方式による分類

　分類方法は、a）単管式、b）複管式によって分類します。

a）**単管式**は、1本の配管で蒸気と還水（凝縮水）を同時に同じ管を使って流す方式です。

b）**複管式**は、一般的に使われている方式で、蒸気と凝縮水とを別々の配管に通し、放熱器と還水管との間に蒸気トラップを設け、凝縮水と空気を還水管に返します。

❸還水方式による分類

　分類方法は、a）重力還水式、b）真空還水式によって分類します。

a）**重力還水式**は、還水配管に1／100先下がり勾配をつけ、還水を重力だけでボイラーや**還水槽**（ホットウェルタンク）に返します。

b）**真空還水式**は、還水管の末端に真空給水ポンプを設け、管内の空気や再蒸発した蒸気を吸引するので、還水の流れをスムーズにし、凝縮水をボイラーに返します。

■ 蒸気と凝縮水を分離する ▶▶ 蒸気トラップ

　蒸気ボイラーからの蒸気は、放熱器の中で蒸発潜熱を放出して凝縮水に変化します。この凝縮水は蒸気とは性質の違うもので、速やかに排除しなければ、連続的に蒸気の熱を利用することはできません。そこで、凝縮水を排除するのが**蒸気トラップ**です。蒸気トラップは作動の基本原理により次のように分類されます。

❶**メカニカル形**は、蒸気と凝縮水の比重差を利用します。

❷**サーモスタチック形**は、蒸気と凝縮水の温度差を利用します。

❸**サーモダイナミック形**は、蒸気と凝縮水の熱力学的特性差を利用します。

蒸気を放熱器に送って暖房を行なう

 蒸気暖房とは

蒸気ボイラーで蒸気を発生させ、放熱器に送る。熱を放出した蒸気は凝縮（ぎょうしゅく）して水となり、給水ポンプにより蒸気ボイラーに戻される。

【 重力還水式 】（低圧供給）　　　　　【 真空還水式 】（低圧供給）

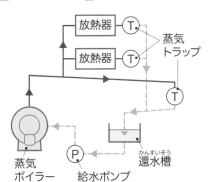

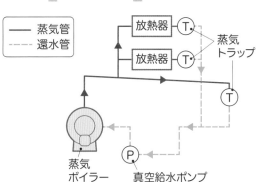

―　蒸気管
---　還水管

 蒸気トラップが必要な理由

POINT

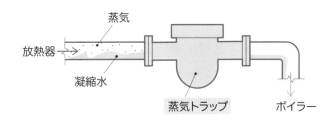

放熱器を通り、熱を放出した蒸気は凝縮水となる。凝縮水が管にたまると配管に損害を与えたり、熱効率を低下させるおそれがあるため、速やかに除去しなくてはならない。

【 メカニカル形蒸気トラップ（フロート式）】

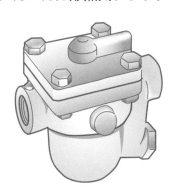

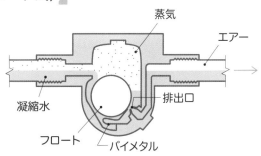

凝縮水がない状態ではフロートが排出口をふさいでおり、蒸気と凝縮水が流入するとフロートが浮き凝縮水が排出される。

3 放射暖房

床や壁などからの放射熱で部屋を暖める ▶▶ 放射暖房の分類

放射暖房は、室内設置の加熱面からの放射熱を利用するもので、高温放射板や赤外線加熱器などが用いられています。この暖房方式は、使用する熱媒（ものを加熱するときに使う流体のことで、温水、蒸気、高温水、加熱空気等がある）から次の5種類に分類されます。

❶**温水式**：パネル内に埋設した配管に温水を通すもので、**80℃以下**の温水が多く使用されますが、工場や大空間では高温水（一般に100℃以上の温水）や蒸気などが用いられます。

❷**温風式**：中空ブロックやコンクリートダクトを利用して温風を通し、パネルの表面を加熱する方式ですが、日本ではほとんど使われていません。

❸**蒸気式**：床下に蒸気配管を設置し、低圧蒸気を送り床を暖めます。

❹**電気式**：電熱線を塩化ビニルなどの絶縁材料で被覆してパネル内に埋め込み、建物内の暖房、道路や屋根の融雪に用います。

❺**赤外線放射暖房**：バーナーで作り出した高温の燃焼ガスを燃焼筒、放射管に通過させることで、多量の赤外線を放射させ、反射板を使って前方向に赤外線を放射して暖房します。

一般的な部屋に使用する ▶▶ 低温放射暖房

低温放射暖房は、電熱線や温水管をパネルに埋設して使用します。床面を加熱する場合、床の表面温度は**30℃**になるようにします。天井面の場合は、頭部が暑くならないように温度制限をし、天井高さが3mで表面温度が**30～40℃**になるようにします。壁面を用いる場合は、建材亀裂防止のため表面温度を**約43℃**に制限します。コンクリートに配管を埋め込む場合は、配管の熱膨張を考慮して、温水温度を**60℃以下**にします。

長所は、室内の空気温度にムラが少ないので、室内気流も発生しにくく、快適性に優れ、また、放熱器や配管が露出しないことから安全性も高く幼稚園・動物園飼育舎・高齢者施設等に利用されています。短所は、故障したときには発見が困難で、熱容量が大きいため予熱時間も長く、間欠運転を必要とする建物には用いません。

工場や体育館など大空間に使用 ▶▶ 高温放射暖房

天井高の大空間には、対流型放熱器を用いて暖房をしても暖かい空気は上部にたまり暖房としては役に立たないことが多いといえます。このような場合、鋼板パネルにパイプを設置し、このパイプに**150～200℃の蒸気**または高温水を通して放射パネルを加熱し、パネル表面から放出される放射熱で暖房を行なうのが**高温放射暖房**です。

輻射熱により室内を暖める

放射暖房のしくみ

放射暖房とは、床や天井、壁の表面を加熱し、電磁波によりその熱を室内中に伝える方法である。

【 温水式放射暖房の例 】

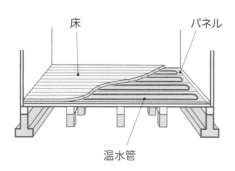

床　パネル　温水管

パネル内に温水管を埋め込み、温水を流し、加熱する。

[断面図]

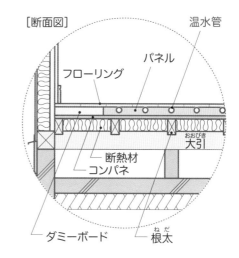

温水管　パネル　フローリング　断熱材　コンパネ　大引　ダミーボード　根太

床暖房のメリットは、音、におい、風がなく、空気を汚すことなく足下からバランスよく室内を暖めることができること。右図は床暖房の温度分布イメージ図である。

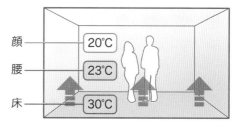

顔 — 20℃
腰 — 23℃
床 — 30℃

放射暖房には低温と高温がある

【 低温放射暖房 】

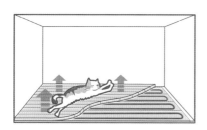

電熱線や温水管などを埋め込んだパネルの表面温度を30～40℃位に保ち、室内を暖める。

【 高温放射暖房 】

赤外線放射暖房機

赤外線の中でも波長の長い遠赤外線には、強い熱作用と浸透性があり、途中の空気を温めることなく直接身体や床、壁などに浸透し、内部から温める性質がある。

4 環境問題

■ 産業の発展による温室効果ガスの増加 ▶▶ 地球温暖化

　地球を取り巻く大気中には、二酸化炭素、メタン、フロン等が存在し、なかでも二酸化炭素が地上から放射される熱を吸収し、地上に再放射することで、地球上の平均気温が15℃に保たれています。こうした気体を**温室効果ガス**と呼んでいます。

　近年、この温室効果ガスの大気中の濃度が急激に増加し、それに伴い、地球の平均気温が上昇していることが大きな問題となっています。これが**地球温暖化問題**です。地球温暖化の原因の60％は、二酸化炭素の増加によるものとされています。18世紀の産業革命は、石炭、石油、天然ガスなどの化石燃料の使用量を急増させ、大気中の二酸化炭素濃度は産業革命以前に比べ約30％以上の増加となりました。化石燃料は、自動車などの交通機関の燃料、工場の燃料、電気を発電するときの火力発電所の燃料、暖房用の燃料等として使われています。人間が今後、同じ活動を続けると、21世紀後半には二酸化炭素の濃度は現在の2倍以上になり、平均気温は、1990年と比較して、1.4～5.8℃上昇すると予測されています。

■ 氷河の融解や異常気象を誘発 ▶▶ 温暖化の影響

　地球の温暖化が進み気温が上昇すると、次のようなことが予想されます。

①南極やグリーンランドの氷床、高山の氷河が溶け、気温上昇に伴う海水の体積膨張により海面が上昇します。

②異常気象に伴い、洪水や干ばつがこれまで起きたことのない地域で頻繁に発生したり、森林火災、台風の増加により農業や水産業に悪影響を及ぼします。

■ 京都議定書、パリ協定の採択 ▶▶ 温暖化防止への国際的な取り組み

　国際的な取り組みとしては、1980年後半に地球温暖化防止の必要性が認識され、1992年国連のもとリオデジャネイロで開催された国連地球サミットで、地球温暖化防止のための**気候変動枠組条約**（世界の国々が地球温暖化に取り組む約束）が締約されました。発効したのは2年後の1994年です。この条約自体には、各国の温室効果ガス排出削減義務までは規定されておらず、その後、1997年に京都で第3回締約国会議（COP3）が行なわれ、先進国の温室効果ガス排出量について、2012年までの数量目標を盛り込んだ、法的拘束力のある**京都議定書**が採択されました。2015年にはCOP21においてパリ協定が採択され、世界の平均気温上昇を産業革命前と比較して2℃よりも十分に低く抑え、さらに1.5℃に抑えるための努力を追求することが世界目標となりました。2018年にCOP24がポーランドで開催され、メインテーマはパリ協定の実施ルールの合意可否が焦点となりました。

地球全体の深刻な環境問題

地球温暖化の原因

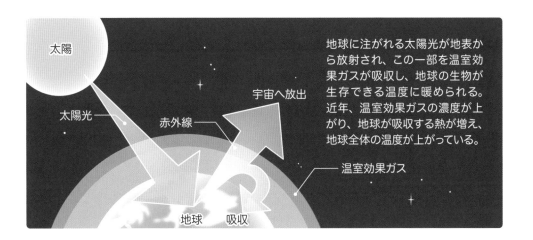

太陽

太陽光

赤外線

宇宙へ放出

温室効果ガス

地球　　吸収

地球に注がれる太陽光が地表から放射され、この一部を温室効果ガスが吸収し、地球の生物が生存できる温度に暖められる。近年、温室効果ガスの濃度が上がり、地球が吸収する熱が増え、地球全体の温度が上がっている。

温暖化がもたらす影響とは

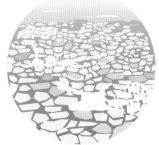

南極やグリーンランドなどの氷が溶ける。

海面が上昇し、多くの島や地域が海に沈む。

異常気象により洪水や干ばつなどが起こりやすくなる。

温暖化をくい止めるための取り組み

気候変動枠組条約の経過

1992 年	国連気候変動枠組条約締約	
1997 年	第 3 回締約国会議（COP3）開催	京都議定書採択
2015 年	第 21 回締約国会議（COP21）開催	パリ協定採択
2018 年	第 24 回締約国会議（COP24）開催	パリ協定実施指針採択

（COP：Conference Of the Parties　締約国会議）

5　新エネルギー

地球温暖化を防止するために ▶▶ 新エネルギーの開発

　地球温暖化を防ぐためには、二酸化炭素の濃度を減少させなくてはなりません。現在、いろいろな分野で研究が進められています。**新エネルギー**には次のようなものがあります。

❶**天然ガスコージェネレーション**：発電機で電気を作るときに発生する熱を同時に利用できるもので、病院やデパート、大規模工場、大型商業施設のように電気や熱を多く使う場合、このシステムは適しています。詳細は、110ページのコージェネレーションシステムの項目を参照してください。

❷**燃料電池と水素**：水の電気分解の逆反応を用いたもので、燃焼作用がないため CO_2 の発生もなく、発電のときに排出されるのは水だけとなります。家庭用の燃料電池は、都市ガスやプロパンガス、灯油などから水素を取り出し、空気中の酸素と化学反応させて電気を作ります。

❸**太陽光発電**：太陽光発電装置の**太陽電池モジュール**（太陽光エネルギーを直接電気に変換する装置）で発電された直流電気が、**パワーコンディショナー**（太陽電池で作った直流電気を電力会社と同じ交流電力に変換して家庭で使えるようにする装置）により、交流電力に変換されます。発電量は天候で変動しますが、余剰時は電力会社に売ることができ、また、電気量の不足時には電力会社から買うことができます。

❹**太陽熱利用**：太陽のエネルギーを給湯や冷暖房に利用するもので、太陽熱温水器を用いて熱利用をします。温水器には、**自然循環式**、**強制循環式**、**真空貯湯式**があります。詳細は、108ページのソーラーシステムの項目を参照してください。

❺**風力発電**：風力を利用したもので、風車の回転運動を発電機に送り電気エネルギーを作り出します。24時間昼夜関係なく発電が可能ですが、風力発電機の立地場所によっては、発電機の電気容量に差が出るため、設置前に立地環境を十分検討する必要があります。

❻**バイオマスエネルギー**：光合成で植物の中にある有機物をエネルギー源や燃料に変えて利用するものです。もみ殻や生ゴミ、木くず等を燃料として電気や熱を作ったり、家畜の排せつ物からバイオガスを作ったりします。

❼**雪氷熱利用**：冬に降った雪や、冬に作った氷を保存して、公共施設やマンションなどの冷房や、農作物の冷蔵に利用します。

❽**地熱発電**：地中にたまった高温高圧の水蒸気を、生産井と呼ぶ井戸から取り出し、タービンを回して発電します。使用後の蒸気は水にして、還元井で地中に戻します。

CO₂ の排出を抑えた新しいエネルギー

クリーンなエネルギーを目指して

地球温暖化をくい止めるため、様々なエネルギーが開発され、実用化されている。

【 天然ガスコージェネレーション 】

ガスを燃料として電気を発生させると
きにエンジンが出す熱（排熱）を利用し、
冷暖房や給湯などを行なう。

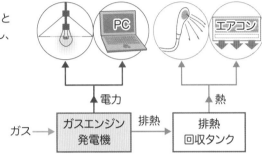

【 燃料電池 】

燃料電池は、水素と酸素が化合して水ができるときに電気と熱が発生する原理を利用したもの
で、天然ガスから水素を作り、酸素と化学反応させて電気を発生させる。

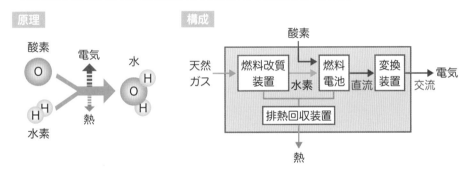

【 太陽光発電 】

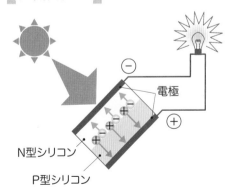

太陽電池を使い、太陽光エネルギーを
電気に変換する。

【 風力発電 】

風の力で風車が回ると主軸が回転し、発電
機が回ることで電気が発生する。

第4章　直接暖房から地球環境へ

105

6 クリーンルーム

浮遊粉塵を排除した清浄度の高い部屋 ▶▶ クリーンルームの分類

クリーンルーム（無塵室）は、人工的に清浄度の高い空気の状態に保った部屋のことで、用途によって分類すると、一般的に①医療、②工業、③食品、④バイオハザードになります。

❶**医療**の場合は、手術室、医薬品・化粧品の製造所、滅菌医療機器の製造所、滅菌室などに用いられています。これは、浮遊塵埃を取り除けば細菌も排除できるためです。しかし、細菌類は空気の清浄をするだけではすべての抑制は無理で、定期的な殺菌消毒をしたり、クリーンルームへの人の入退出方法についても管理が必要となります。

❷**工業**の場合は、電子工業によるものが主となり、半導体集積回路、液晶パネル、有機ELパネル、マイクロマシンの製造所などに用いられています。これは、集積回路などの焼付け時に浮遊塵埃が集積回路を短絡（ショート）させ、欠損を引き起こし、不良発生するのを防止するためです。

❸**食品**の場合は、虫や細菌などが混入しない環境で、食品製造を行なうことが必要な場合に、製造ラインをクリーンルームにする場合があります。

❹**バイオハザード**とは、放射能実験や遺伝子組み換え、感染症の微生物、ウイルス等を取り扱う場合に発生する、人への災害のことをいいます。対象の危険度によりランクがレベルP1〜P4（P4が一番厳しい対策となる）に分けられています。

実験施設は、室内に雑菌が入るのを防止するため、空気調和機の吹出口に高性能フィルターを取り付けて無菌室（バイオクリーンルーム）にします。一般的なクリーンルームは、雑菌が周囲から混入しないように**正圧**にするのと比べて、バイオクリーンルームは、微生物やウイルス等の漏洩を防ぐため室内を**負圧**にします。また、P4レベルの場合、安全とフィルターの濾材交換のため排気側に高性能フィルターを設けます。

空気の清浄度の表現 ▶▶ クリーンルームの規格

空気の清浄度を示す尺度としては、空気中に浮遊する微粒子の数によって等級分けをしています。クリーンルームの規格は、長く米国連邦規格 Fed. Std. 209E が使用されており、1立方フィート中の**0.5 μm 以上**の粒子を基準に規定しています。現在では、国際規格 ISO14644-1 に移行されており、1m³の空気中に含まれる粒径 **0.1 μm 以上**の微粒子数を10のべき乗で表したべき指数※で表しています。

※べき指数：ある数を何度か掛け合わせたものを表す指数のこと。

空気中の粉塵を極端に除去する

 ## クリーンルームとは

小さなほこりの付着も許されない作業を行なうため、塵埃（じんあい）を取り除き、空気清浄度の高い環境を保った部屋を指す。

【 クリーンルームの方式の例 】

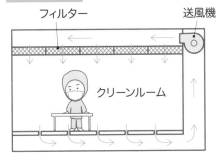

垂直層流方式

フィルター　送風機

クリーンルーム

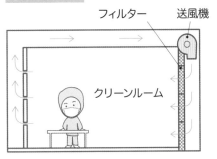

水平層流方式

フィルター　送風機

クリーンルーム

 ## 幅広い分野で利用される

医療手術で

手術中に細菌に感染することを防ぐため、特に人工関節手術や移植手術などに利用される。

工業品製造で

0.1 μm（マイクロメートル）以下という微細（びさい）な半導体素子には、ごく小さなほこりも大敵となるため、徹底した管理のもと作業が行なわれる。

 ## クリーンルームの規格

ISO14644-1：2015　清浄度クラスの上限濃度（抜粋）

清浄度クラス		上限濃度〔個/m³〕					
ISO14644-1	Fed. Std. 209E	0.1 μm	0.2 μm	0.3 μm	0.5 μm	1 μm	5 μm
Class 1		10	廃止				
Class 2		100	24	10	廃止		
Class 3	Class 1	1,000	237	102	35	廃止	
Class 4	Class 10	10,000	2,370	1,020	352	83	
Class 5	Class 100	100,000	23,700	10,200	3,520	832	廃止
Class 6	Class 1,000	1,000,000	237,000	102,000	35,200	8,320	293

7 ソーラーシステム

■ 太陽熱の利用 ▶▶ 太陽熱温水器の種類

　太陽の熱エネルギーを給湯や冷暖房に利用する技術を**太陽熱利用**といいます。家庭で使われるエネルギー消費の約３割は給湯によるものといわれ、太陽熱を給湯に利用すれば、エネルギーを大きく削減することができます。

　太陽熱温水器の種類には、**自然循環式（平板型）**、**真空貯湯式（真空ガラス型）**、**強制循環式**があります。自然循環式は、集熱パネルの上部に貯湯槽が付いている方式で、自然対流の原理を使ったものです。メリットは、単純構造で故障が少ないことです。真空貯湯式は、集熱パネルと貯湯槽が一体となっていて、その周りが真空層とガラス管によって覆われた円筒形の構造になっています。そのため、集熱効率や保温力が高いシステムです。強制循環式は、集熱パネルと貯湯槽を分離させ、集熱パネルは屋根に設置し貯湯槽は地上に設置します。また、集熱パネルと貯湯槽間の熱媒水は、ポンプで循環させて熱交換を行ないます。強制循環式は、平板型と真空管型の２種類に分けられます。メリットは、屋根への負担が小さく、貯湯量が多いことです。

■ 太陽熱利用の冷暖房 ▶▶ 太陽熱利用冷暖房の構成

　太陽熱を利用する冷暖房方式は、集熱装置、蓄熱装置、補助熱装置、エネルギー変換装置から構成されています。集熱装置は、集熱器やポンプ、送風機、配管、ダクトなどの搬送設備で構成され、また、集熱器は、集熱温度によって平板型、真空管型、集光型に分類されます。

■ 太陽熱利用システムと太陽光発電 ▶▶ 太陽光の利用の仕方は異なる

　２つの名前は似ていますが、**太陽熱利用システム**では、太陽の熱を直接エネルギーとして使用しています。**太陽光発電**は、太陽の熱を利用して、電気を作る発電方法で、太陽光として使用するという点では、まったく異なる性質を持っています。

　太陽光発電は、太陽電池をたくさん集めた**ソーラーパネル**を利用し、太陽光などの光の照射を受けて、そのエネルギーを直接電気エネルギーに変える半導体装置で、**光起電力効果**※を利用したものです。「電池」という名前が付いていますが、一般に利用されている太陽電池は、乾電池や蓄電池のような電気を蓄える機能は持っていません。

※**光起電力効果**：物質中に光を照射すると電流・電圧が発生する現象で、光エネルギーを電気エネルギーに変えることができる。

太陽のエネルギーを熱として利用する

太陽熱温水器

【自然循環式】

太陽光を熱エネルギーに換える集熱パネルと貯湯槽が一体となった、住宅用として一般的なシステム。

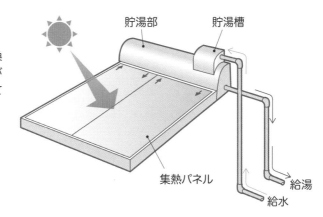

貯湯部　貯湯槽

集熱パネル

給湯
給水

【強制循環式】

集熱ポンプで熱媒水、または不凍液などを集熱パネルに送り、加熱されたら貯湯槽で貯え、給湯に利用する。

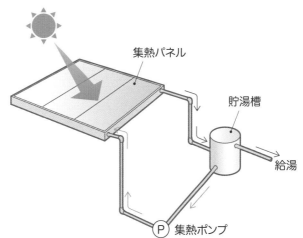

集熱パネル

貯湯槽

給湯

Ｐ　集熱ポンプ

太陽光発電のしくみ

①太陽電池モジュール（ソーラーパネル）
　太陽の光を受けて電気を作る。

②接続箱
　電気を集めて、パワーコンディショナーへ送る。

③パワーコンディショナー
　家庭用の電力に変換する。

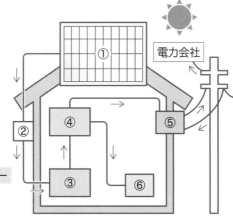

電力会社

④分電盤
　電力を住宅内の電気機器に配分、発電使用料をチェックする。

⑤電力メーター
　売る電力と買う電力の量をそれぞれ表示する。

⑥家電製品

8 コージェネレーション システム

コージェネレーションシステムとは ▶▶ システムの概要

コージェネレーションシステムは、日本語では**熱電併給システム**と呼び、ガス、石油などの燃料をエネルギー源として、電力と熱を同時に取り出すことができるシステムです。電気と熱の需要バランスがよいので、電気・熱を多く利用し、停電時の対策に自家発電設備が設けられている大規模施設（病院、デパート、ホテル等）に有効です。このシステムは、熱機関・排熱回収システム・発電システムにより構成分類されています。

発電を行なう機器による分類 ▶▶ 各熱機関での分類

❶**ディーゼルエンジンシステム**は、燃料と空気の混合気体を点火、爆発させ、それによって熱エネルギーを動力に変換させるものです。

・使用燃料は、重油、軽油、灯油が使われます。

・特徴としては、発電効率が高く、排熱回収温度は500℃程度が可能です。

❷**ガスエンジンシステム**は、ガス燃料を使用する複動燃機関で、作動原理はディーゼルエンジンと概略同じです。

・使用燃料は、都市ガス、液化石油ガス、**バイオガス**※が使われます。

・特徴としては、排気ガスがきれいで、熱回収が容易、排熱回収温度は600℃程度が可能です。

❸**ガスタービンシステム**は、タービン形式のエンジンを用いて発電するシステムで、圧縮機、燃焼器、タービンの3つの基本要素でできています。

・使用燃料は、都市ガス、液化天然ガス、重油、軽油、灯油が使われます。

・特徴としては、燃料の選択がガス、油のどちらでも可能で、排熱回収温度は600℃程度が可能です。

❹**燃料電池**は、他の熱機関と異なり、化石燃料（重油、軽油、灯油）に代わる新エネルギーとして開発され、実用化中です。燃料電池は、水素と酸素を化学反応させることで発電する装置です。外見は小さいが発電する能力があるので、小さな発電所といえます。同じ電池でも、蓄電池は充電した電気を貯めておくだけの装置で、発電する能力がない点が燃料電池と異なります。

※**バイオガス**：バイオ燃料の一種で、メタン、二酸化炭素が主成分となり、砂糖キビや下水処理場の活性汚泥などを利用して、生産することができる。

従来、捨てられていた排熱を有効利用

 ## 排熱利用のしくみ

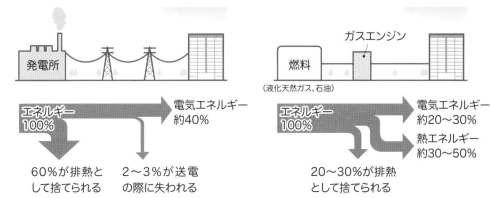

【従来の発電方法】

発電所

エネルギー
100%

電気エネルギー
約40%

60%が排熱と
して捨てられる

2〜3%が送電
の際に失われる

【コージェネレーションシステム】

ガスエンジン

燃料
（液化天然ガス、石油）

エネルギー
100%

電気エネルギー
約20〜30%

熱エネルギー
約30〜50%

20〜30%が排熱
として捨てられる

コージェネレーションシステムの採用により、発電の際に発生する排熱を回収し、エネルギーとして利用することができる。

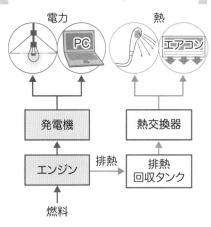

【エンジンコージェネレーション】

電力　　　　　熱

PC　　エアコン

発電機　　　熱交換器

エンジン　排熱　排熱
回収タンク

燃料

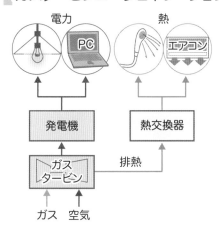

【ガスタービンコージェネレーション】

電力　　　　　熱

PC　　エアコン

発電機　　　熱交換器

ガス
タービン　排熱

ガス　空気

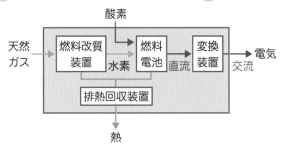

【燃料電池コージェネレーション】

酸素

天然
ガス

燃料改質
装置
水素

燃料
電池
直流

変換
装置
交流

電気

排熱回収装置

熱

POINT

排熱利用のメリット

・省エネルギー
・CO$_2$排出量の減少
・エネルギー源の安定確保
・環境負荷の低減

9 氷蓄熱システム

夜間電力で氷を作り蓄える ▶▶ 氷蓄熱システムのしくみ

　現在、主に利用されている**氷蓄熱システム**は、冷媒と冷却コイルを用いて間接的に氷を製造する方式ですが、昼間と比べて電気料金が割安の夜間電力を利用して、冷房時は冷水や氷、暖房時は温水を蓄熱槽に蓄えます。この蓄えた熱エネルギーを昼間に使って空調するのが蓄熱式空調システムで、環境にやさしいシステムです。

静的あるいは動的な製氷方式 ▶▶ 製氷方式の種類

　製氷方式は、**スタティック方式（静的製氷方式）**と**ダイナミック方式（動的製氷方式）**の2種類に分けられます。

❶スタティック方式の特徴

　蓄熱槽内の製氷用熱交換器（チューブ状）のチューブ内に冷媒やブラインを通して、外表面に氷を外周から成長させ、同じ場所で氷の融解が静的に繰り返される方式です。

❷ダイナミック方式の特徴

　蓄熱槽内に製氷用コイルを設けず、蓄熱槽外部で氷片またはシャーベット状の氷を生成し、流動性のある状態で蓄熱槽へ運んで蓄える方式です。

氷蓄熱方式の長所と短所 ▶▶ 氷蓄熱方式の特徴

【長所】

①水蓄熱方式と比較すると、冷水温度を低くして利用でき、冷水温度差も大きくとれるため、冷水量を少なくし、ポンプの動力を低減できます。

②氷で蓄熱するため、水蓄熱方式より小さい蓄熱槽で大きな熱量を蓄熱できます。

③蓄熱槽の表面積が少なくなるので、蓄熱槽からの熱損失も小さくなります。

【短所】

①蒸発温度が低くなるので、冷凍機の**成績係数（COP）**※は悪くなります。

②冷水温度が下がるので、冷房機器類（ファンコイルユニットなど）の吹出口等に、結露が発生する可能性があります。

③水蓄熱槽のように地下床下ピットをそのまま氷蓄熱槽に変更することができないので、蓄熱槽の築造代は別に負担金となります。

※**成績係数（COP：Coefficient Of Performance）**：冷凍機の効率のことをいい、成績係数（COP）という指標で比較される。冷房の場合、冷房COP＝冷房出力（kW）÷入力（kW）の比で定義され、この値が大きいほど効率が高いことを示す。

割安な夜間電力で昼間の冷暖房を行なう

氷蓄熱システムのメリット

【 水蓄熱方式 】

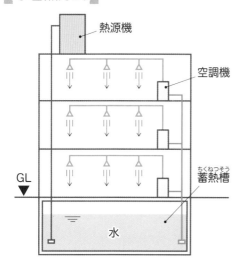

熱源機
空調機
GL
蓄熱槽
水

夜間電力で冷水を作り、蓄熱槽に貯め、昼間に冷房に使用する。

【 氷蓄熱方式 】

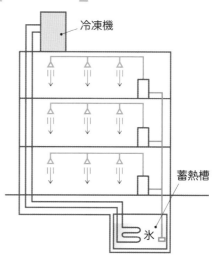

冷凍機
蓄熱槽
氷

水の代わりに氷を蓄えておく。水が氷になるときの熱を利用し、より熱効率がよい上、蓄熱槽の容量が小さくてすむ。

製氷方法の種類

【 スタティック方式 】

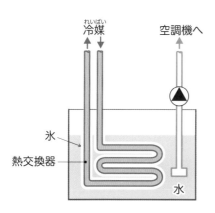

冷媒
空調機へ
氷
熱交換器
水

蓄熱槽内で熱交換器に接している水が冷却され、熱交換器の表面に氷層が形成される。

【 ダイナミック方式 】

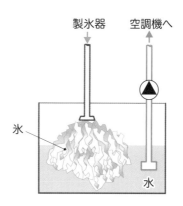

製氷器
空調機へ
氷
水

流動性のあるシャーベット状の氷を作り、貯える。

10 自動制御方式

自動制御とは何か ▶ ▶ 手動制御と自動制御

　自動制御の自動とは"自分で動くこと"、制御とは"ある目的に達成するように、対象とするものに、人が意のままに動かす操作を加えること"をいいます。この制御を人が実行すれば手動制御、人に代わって制御装置が自動的に行なえば自動制御となります。

動力源や伝達信号による分類 ▶ ▶ 自動制御の分類と特徴

　自動制御は、操作動力源や信号の伝達方法にどんなものを使用するかにより、①電気式、②電子式、③デジタル式（DDC式）、④空気式に分類できます。

❶電気式制御方式

　操作動力源や信号の伝達方法に電気を使い、温度、湿度の検出部と設定機構、制御機構が一体になったものが一般的です。複雑な制御に不向きなところがありますが、単純なプロセス制御、設計変更の容易性、保守管理が簡単なところなどが特徴です。

❷電子式制御方式

　操作動力源は電気式と同じく電気を使い、検出部（温度、湿度、圧力など）や調節計、その他の設定器を組み合わせ、内容に応じて、ON-OFF・比例・積分・微分制御などができます。電気式に比べ高価ですが、制御の追従が速く精度も高く、検出器と調節計は1対1で構成されているため、他の制御に影響を与えることが少ないのが特徴です。

❸ダイレクトデジタルコントローラー（DDC）制御方式

　ダイレクトデジタル式調節器（コントローラー）で行なわれる制御をDDC（Direct Digital Control）と呼びます。操作動力源は電気を使い、電子式制御機器と同様に検出部、調節部および操作部で構成され、1台で複数の調節計などの機能に対応でき、演算機能も豊富で、空調機以外の熱源や、その他の制御に利用できるのが特徴です。

❹空気式制御方式

　操作動力源や信号の伝達方法に乾き空気（0.1～0.2 MPa）を使い、操作部の数が多い大規模建物や防爆性が必要とされる箇所に使われます。高度な制御動作（積分・微分など）も容易にできますが、電気式・電子式に比べて信号の伝達遅れがあるのが特徴です。

自動制御の基本構成 ▶ ▶ 検出部、調節部、操作部

　検出部は、制御量の変化を検出し、電気信号により調節部へ計測値を送ります。

　調節部は、操作部を動かす調節機構となっていて、自動制御の中心部といわれます。

　操作部は、調節部からの信号により、冷温水量、蒸気量、風量などを操作します。

自動的に機器を制御・運転させる

 自動制御方式の種類

【手動制御】

暑い

手動弁

空調機

← 冷温水

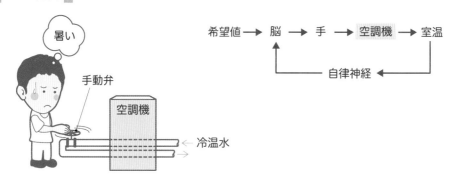
希望値 → 脳 → 手 → 空調機 → 室温

自律神経 ←

【自動制御】

快適

温度センサー

電動弁

空調機

← 冷温水

目標値 → 調節部 → 操作部 → 空調機 → 室温

検出部 ←

フィードバック制御

 POINT

フィードバック制御とは、設定した目標値と実際の値とを絶えず比較する制御方式で、目標値との差を認識すると、差をなくすよう信号が出て、対象を制御する。空調設備の自動制御の大半はフィードバック制御が利用される。

自動制御の構成要素

【検出部】

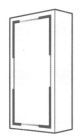

温度センサーなど

【調節部】

温度調節計、
制御盤など

【操作部】

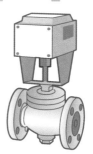

電動2方弁、
電磁開閉器（でんじかいへいき）など

11 空調システムの自動制御

送風量が一定か、変化するか ▶▶ 空気調和設備機器の自動制御

空気調和設備に使用する制御方式は、設備の規模、空調負荷の性質をよく理解し、最適なものを決定することが必要です。空気調和設備の制御対象機器として、空気調和機、パッケージ型空調機、ファンコイルユニット等があります。

空気調和機には、送風量（給気量）が一定で室内の熱負荷によって給気温度を変化させる**定風量方式**（CAV：Constant Air Volume）と給気温度は変化しないで熱負荷に応じて給気量を変化させる**可変風量方式**（VAV：Variable Air Volume）があります。一般に定風量方式では室内温度・湿度制御、可変風量方式では給気温度・湿度（露点）・送風量制御およびVAVによる室内温度制御を行ないます。省エネルギーや個室制御を考慮すると、VAV方式のほうが多く用いられています。**パッケージ型空調機**には、室内温度による圧縮器のON－OFFや加湿の制御があります。また、**ファンコイルユニット**には、室内温度による**電動弁制御**（比例制御※またはON－OFF制御）が用いられます。

定風量方式（CAV）▶▶ 一定の風量で温度・湿度を変化させる

室内温度は、室内に取り付けた温度調節器で検知し、冷温水コイルに流れる冷水・温水流量を**電動弁**（電動3方弁や電動2方弁）の開度で調節します。室内湿度は、室内に取り付けた湿度調節器で検知し、操作信号を加湿器に送り調整を行ないます。また、空気調和機の送風機停止後は、ダンパー（ダクト内の流動空気を調節する可動板、80ページ参照）を閉とし、加湿器制御の停止を行ないます。

可変風量方式（VAV）▶▶ 一定の温度で風量を変化させる

対象室に一定温度で送風し、熱負荷変動に合わせて送風量を変化させる方法です。室内温度制御は、室内に取り付けた温度検出器からの信号を、可変風量装置用の**ダイレクトデジタルコントローラー（DDC）**で受け、DDCからの操作信号によりVAVの**比例制御※**にて調整を行ないます。送風（給気）温度は、給気ダクトに取り付けた温度検出器（挿入型）からの信号を、空調機用デジタルコントローラー（DDC）で受け、DDCからの操作信号により冷温水コイルの電動弁の開度で調節し制御をします。湿度制御は、還気ダクトに取り付けた湿度検出器（挿入型）からの信号をDDCで受け、DDCからの操作信号により、加湿器の二位置制御（ON－OFF制御）をします。

※**比例制御**：目標値と現在値との差を検出し、その差に比例した操作量で制御すること。

一定風量で、あるいは風量を変えて制御する ●

空調機の制御方式

【 定風量方式（CAV） 】

室内に吹き出す風量は一定に保ち、必要に応じて給気温度・湿度を変えて空調を行なう。

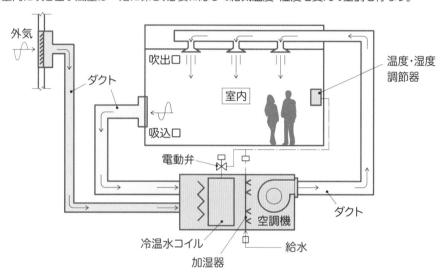

【 可変風量方式（VAV） 】

室内に吹き出す給気温度・湿度は一定に保ち、風量を変えることによって室内の温度・湿度の調整を行なう。

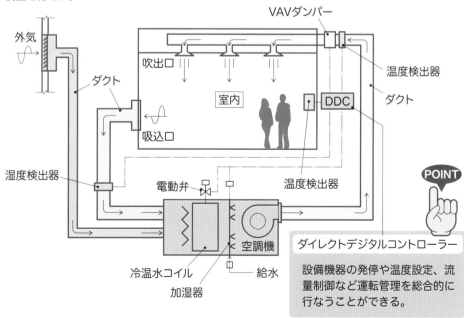

POINT

ダイレクトデジタルコントローラー

設備機器の発停や温度設定、流量制御など運転管理を総合的に行なうことができる。

Column　ドアの内開きと外開きの使い分け

　身の回りのドアには、大きく分けて開き戸と引き戸があります。

　開き戸には、部屋の内側から外に向けて開ける「外開き」と、室内側に向けて開ける「内開き」があります。

　住まいの玄関ドアは、昔は引き戸が主流でしたが、現在では「外開き」の代表的なものと言えます。玄関に靴を脱ぎっぱなしにすると「内開き」では扉が開かなくなることや、外から雨や埃が室内に入るのを防ぐためです。

　オフィスの室内ドアは、「内開き」のものが使われています。火災などが起きたときに、通路や廊下は避難する人が通るので、ドアを開けたときに通行を妨害し、避難する人にぶつかったりするのを防ぐためです。

　病院の病室のドアは、ほとんどが引き戸になっています。大きなベッドの移動には、大きく重くなってしまう開き戸よりも、横にスライドさせる引き戸のほうがスムーズで、開閉のためのスペースも節約できるからです。

● 開き戸の右開き、左開き

　下図の足あとの位置に立ってドアを手前に開く状態で、丁番を右に取り付けたものが「右開き」、左に取り付けたものを「左開き」と呼びます。

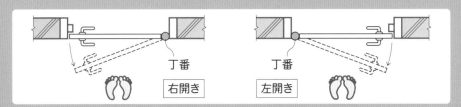

● 引き戸の右引き、左引き

　控え壁側（正面）に立ったとき、右側に開口があるのを「右引き」、左側に開口があるのを「左引き」と呼びます。

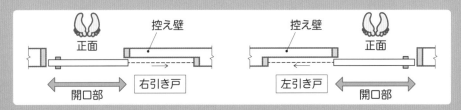

換気・排煙設備

換気は、室内で発生する臭気、粉塵、有害物質、熱気、燃焼廃ガスなどの汚染空気を屋外に排出し、屋外から清浄な空気を供給して、室内汚染空気を希釈または交換することをいい、自然換気と機械換気があります。

排煙設備は、建物に火災が発生した際、避難、救出、消火活動を容易にするための設備で、それぞれの区画に蓄積された煙を、避難上支障のないように屋外に排出するものです。

本書では、換気のしくみや方法、法律による基準、さらに火災時の自然排煙、機械排煙について説明します。

1 自然換気

自然の力を利用する換気方法 ▶▶ 自然換気とは

　台所で窓を開けてサンマを焼くとき、煙（空気）が外へ流れ出し、代わりに外の空気が台所に入り込むような現象を見たことがあると思います。このように、風力などの自然の力だけによって行なう換気を、**自然換気**と呼んでいます。これは、台所の煙の温度が外気温度よりも高い場合に、空気の密度差による浮力が生じたため、起こる現象です。外気温度は季節によって変化するので、自然換気では確実な換気は期待できません。

自然換気の種類 ▶▶ 風力換気と温度差換気

　自然換気の方法には、ドアや窓を開けて室内・外の風圧差を利用する**風力換気**と、室内・外の温度差を利用する**温度差換気**があります。風力換気は、建物の両側面に窓などの開口部がなければ風が通らないので換気の効果は少なくなります。効果を最大限出すには、土地とその建物に合った季節の風速や風向を計画・検討して、窓や開口部の大きさを決める必要があります。また、温度差換気は、空気の浮力を利用するものです。室内空気の温度が外気温度よりも高くなると空気密度に差が生じ、浮力が発生します。外気温度は、季節によって変化するので換気風量も変わりますが、換気筒などを利用して換気量の確保が可能となります。

　また、気圧差、温度差、風圧など自然の力を積極的に利用して、床下から取り入れた新鮮空気を室内 循 環させ、最後に屋根から排出させ、建物全体の換気を行なうことを**パッシブ換気**といいます。

自然換気の長所と短所 ▶▶ 利用には注意も必要

長所　①自然によるためランニングコストが不要となります。

　　　　②機械を利用しないので騒音が出ません。

短所　①自然を利用するためコントロールができません。

　　　　②最近の建築構造は、気密性が高いため自然換気量では十分ではありません。

　　　　③常時、一定風量が確保できません。

冷房負荷の軽減が可能 ▶▶ 自然換気の効果

　自然を利用するため、搬送動力の省エネルギー化が図れます。また、夏などは、夜間に室内換気をすることで、昼間に蓄熱された建物の熱を排除することができ、日中に使う冷房負荷を減少させることが可能になります。特に、夏の高温多湿状態において、自然換気によって体感温度を低くし、快適性が得られます。

動力を必要としない自然換気

風力換気と温度差換気の違い

【風力換気】

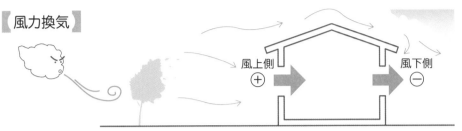

風上側 (+)　　風下側 (−)

風力換気は風による風圧差を利用した換気のことで、たとえば、建物のどちらか一方の壁面に風が吹き付けると空気が圧縮され正圧（＋）となり、その反対側の壁面では負圧（−）となる。この風圧差により室内の空気が流動し換気される。

【温度差換気】

暖かい空気
浮力
冷たい空気

温度差換気は重力換気や浮力換気ともいい、空気の温度差により生じる浮力を利用した換気のこと。したがって、建物外部が無風であっても換気することができる。

自然の力をフル活用した換気の今と昔

【パッシブ換気】

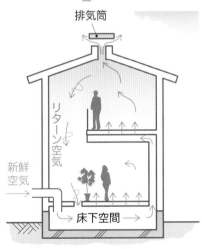

排気筒
リターン空気
新鮮空気
床下空間

新鮮空気を床下に取り込み、床下に暖房機を置き空気を温め、温められた空気が効率よく室内循環するように計画する換気方式。

【茅葺き屋根の民家】

日本古来の茅葺き屋根の民家も温度差換気を巧みに活用していた。囲炉裏によって暖を取り、調理もし、温められた空気は煙と共に茅葺き屋根から外に換気される。また、煙の抗菌作用が、木材や屋根材を腐食や害虫から守り、家を長持ちさせる利点もある。

121

② 自然換気に関する規制

▍法により規制される構造 ▶▶ 建築基準法施行令第129条の2の5

建築基準法の自然換気設備とは、給気口と排気口（排気筒取付け）を有していて、温度差または風力による浮力を使って、室内の空気を外に排出することをいいます。

建築物に自然換気設備を任意に取り付ける場合の構造は、次のように定められています。

①換気上有効な給気口と排気筒を取り付けます。

②給気口は、居室の天井（てんじょう）の高さの **1/2以下** の高さの位置に設け、常時外気に開放された構造とします。

③排気口は、給気口より高い位置に設け、常時開放された構造にして排気筒の立上げ部分に直接取り付けます。

④排気筒は、排気上有効に立ち上げ、その頂部は外気の流れによって排気が妨げられない構造にして直接外気に開放します。

⑤排気筒は、頂部や排気口を除き、開口部を設けてはいけません。

⑥給気口および排気口・排気筒の頂部には、雨水やねずみ、虫、ほこり、その他衛生上有害なものを防ぐための設備を設けます。

▍排気筒に関する規制 ▶▶ 排気筒の有効断面積の算定方法

建築基準法施行令第20条の2第1号の場合

①排気筒有効断面積は、$A_v = A_f / (250 \cdot \sqrt{h})$ の式から算定します。ただし、A_v：排気筒の有効断面積〔m²〕、A_f：居室の床面積〔m²〕、h：給気口の中心から排気筒の頂部の外気開放部の中心までの高さ〔m〕。

②給気口、排気口の有効開口面積は、排気筒の有効断面積以上とします。

③その他国土交通大臣の認める構造とします。

昭和45年建設省告示第1826号の場合

① A_v が 0.00785m² 未満のときは 0.00785m² として計算します。

②排気筒断面の形状および排気口の形状は、矩形（くけい）（長方形）、楕円形（だえんけい）、円形、その他これらに類するもので、短辺または短径の長辺または長径に対する割合を 1/2 以上とします。

③排気筒の頂部が排気シャフト等に開放されるときは、シャフト内の排気筒の立上がりを 2m 以上とします。

④給気口および排気口の位置・構造は、極端に空気の流れがかたよらないものにします。

法律を守って自然換気設備を取り付けよう

自然換気設備の法規制

建築基準法第28条2項では、居室には換気のための窓、その他の開口部を設け、その換気に有効な部分の面積は居室の床面積の1/20以上にしなければならないとされている。また、同条の4項では、ふすま、障子などの随時開放できる建具で仕切られた2室は、1室とみなしてよいとされている。

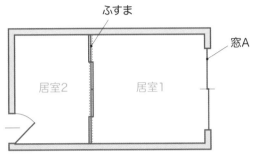

$$\text{窓Aの換気に有効な部分の面積} \geqq (\text{居室1の面積}+\text{居室2の面積}) \times \frac{1}{20}$$

その他、自然換気設備に関する法規制をまとめると以下のようになる。

h ：給気口の中心から排気筒の外気開放部の中心までの高さの差
h_1：排気上有効な立上がり
h_2：給気口より高い位置
H ：居室の天井の高さ

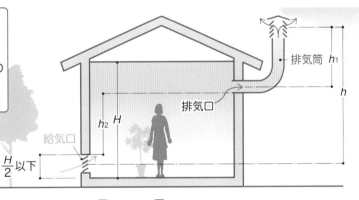

【給気口】

- 常時開放された構造とする。
- 居室の天井高さ H の1/2以下の高さに取り付ける。
- 雨水やほこりなど衛生上有害なものを防ぐ設備を有すること。
- 有効開口面積は排気筒の有効断面積以上とする。

【排気筒】

- 排気口は常時開放された構造とする。
- 雨水やほこりなど衛生上有害なものを防ぐ設備を有すること。
- 頂部および排気口を除き開口部を設けない。
- 頂部は外気の流れで排気が妨げられない構造とする。
- 換気上有効な立上がりを有すること。
- 所定の有効断面積以上とする。

$$\text{排気筒有効断面積 } Av = \frac{A_f}{250\sqrt{h}}$$

3 機械換気の特徴

機械を用いて強制的に行なう換気 ▶▶ 機械換気方式の特徴

　機械換気は、送風機や排風機を用いて強制的に換気を行なう方式で、換気の量を制御(せいぎょ)することが可能で、また、空気浄化装置を取り付けることで空気の清浄化ができます。機械換気には次の3種類があります。

❶第1種換気設備

　給気、排気にそれぞれ送風機を設ける換気方式です。給気量と排気量の両方を調節できるため、室内空気の量を増やしたり、減らしたりの調整や気流分布、圧力制御も容易にできます。厨房(ちゅうぼう)などは、給気量より排気量が多く、廊下(ろうか)や食堂から給気が流入すると衛生管理上よくないため、バランスを取るためにも第1種換気にするのが望ましいでしょう。厨房の他、劇場、映画館、地下街、実験室などに適用されます。

　また、地下駐車場などで第1種換気設備を用いる際には、**誘引誘導換気設備**を使用することもあります。この設備は、給気側の外気を誘引誘導用吐出ノズルにより排気側まで誘導し、排気用送風機にて汚れた空気を排気します。

　留意点　給気および排気については、ダクトによる圧力損失と送風機の能力確認のチェックが必要です。

❷第2種換気設備

　給気に送風機を設け、室内空気量を増やし排気口から自然排気する換気方式です。周囲の部屋よりも室内圧力を高く保つことができるので、ボイラー室などのように、給気量（燃焼空気量を含むため）を排気量より多くしたい室の換気に適用されます。燃焼した空気は、ボイラーの煙突から排気されます。

　留意点　室内が正圧となるため、病院の手術室など汚染空気の流入が許されない室に利用されます。

❸第3種換気設備

　排気に送風機を設け、室内空気量を減らし給気口から自然給気する換気方式です。臭気や水蒸気、有毒ガスを室内の開口部や隙間(すきま)から室外に拡散させてはならない場合に適用されます。たとえば、便所や浴室、キッチンの換気などに適しています。

　留意点　機械排気により室内の空気量が減らされるので、給気口からの自然給気とのバランスが取れない場合、出入口ドアや窓の隙間から外気が侵入する場合があります。

部屋の用途に合わせて適切な換気方式を

3種類の機械換気方式

【第1種換気】

室内圧	自由に調節
給気	機械
排気	機械
用途	事務所・厨房^{ちゅうぼう}・劇場・映画館・地下街・実験室

【第2種換気】

室内圧	正圧(+)
給気	機械
排気	自然
用途	ボイラー室

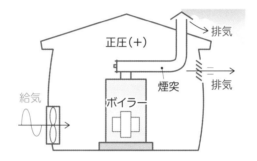

【第3種換気】

室内圧	負圧(-)
給気	自然
排気	機械
用途	便所・浴室・キッチン

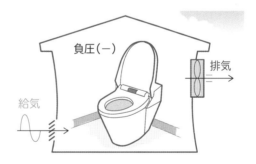

誘引誘導換気とは

排気ガス・臭気・熱が誘導気流に誘引されて、効率よく排気される。

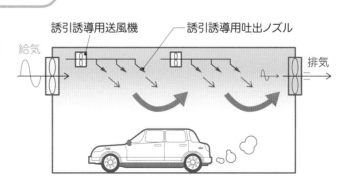

4 換気量を求める

換気回数と換気量 ▶▶ 換気量の求め方

換気は、室内空気を清浄な状態にするため、部屋の汚れた空気を排出し外気と交換することです。単位時間当たりに換気される空気容積を**換気量**といい、1時間当たりの空気の体積〔m³/h〕で表します。また、部屋の1時間当たりの外気量、給気量、あるいは排気量をその部屋の容積で割った値を**換気回数**といいます。

$$換気回数〔回/h〕＝換気量〔m³/h〕÷室容積〔m³〕 \qquad (5\text{-}4\text{-}1)$$

部屋の汚染の状態が明確でないときや概算で換気量を決めたいときには、部屋の容積〔m³〕に換気回数を乗じて換気量を求めることができます。

$$換気量〔m³/h〕＝室容積〔m³〕×換気回数〔回/h〕 \qquad (5\text{-}4\text{-}2)$$

なお、主な部屋の換気回数は次の表のようになります（青数字は概算）。

室　名	換気回数〔回/h〕	室　名	換気回数〔回/h〕
便所・洗面所	5〜15	コピー室	10
浴室・シャワー室	3〜7	書庫・倉庫	5
電気室	10〜15	エレベーター機械室	10〜30

必要換気量を計算してみよう ▶▶ 換気量の計算例

例1 事務所便所の床面積が20m²で天井高さが2.5mのときの必要換気量を求めます。

【計算】便所の容積を算定すると、20〔m²〕× 2.5〔m〕= 50〔m³〕、表より便所の換気回数5〜15の15〔回/h〕を採用して、上記5-4-2式より換気量＝室容積50〔m³〕×換気回数15〔回/h〕= 750〔m³/h〕となります。

火を使用する室の換気量を求める場合は、別の計算方法を用います。換気上有効な換気扇やレンジフードのみを設ける場合は、次の式で計算します。

$$V ≧ 40KQ \qquad (5\text{-}4\text{-}3)$$

ただし、V：有効換気量〔m³/h〕、K：燃料の理論廃ガス量〔都市ガス、LPガス：0.93m³/kWh〕〔灯油：12.1m³/kg〕、Q：燃料消費量〔kW、kg/h〕

例2 都市ガス消費量が20kWのガスレンジを使用するとき、上記5-4-3式を使用して換気扇の換気量 V を求めます。

【計算】K：0.93m³/kWh　　Q：20kW より

$$V ≧ 40KQ = 40 × 0.93 × 20 ≒ 740〔m³/h〕$$

きれいな空気を維持するための換気量計算

換気量を求める

室内の汚染物質には、たばこの煙・体 臭・ほこり・一酸化炭素・二酸化炭素など様々な物質があるが、換気においては二酸化炭素（CO_2）の濃度を指標として必要換気量を計算するのが一般的である。室内の二酸化炭素量が増えも減りもしないような一定の濃度を保っている場合は、ザイデルの式により必要換気量を計算することができる。

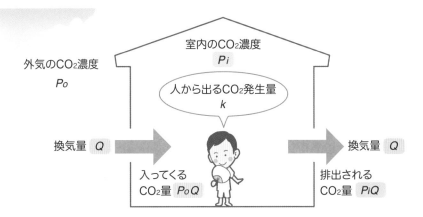

外気のCO_2濃度
P_o

室内のCO_2濃度
P_i

人から出るCO_2発生量
k

換気量 Q

換気量 Q

入ってくる
CO_2量 P_oQ

排出される
CO_2量 P_iQ

ザイデルの式

$$Q = \frac{k}{P_i - P_o}$$

室内のCO_2濃度の基準値は0.1％である。
（0.1％＝0.001＝1,000ppm）

たとえば、外気のCO_2濃度が0.03％、室内の人から出るCO_2発生量が0.02〔m³/h〕だとすると、居室内のCO_2濃度を0.1％に保つにはどの程度の換気量が必要とされるだろうか？ザイデルの式にあてはめると以下のようになる。

POINT

この計算が示すように、在室者1人当たりの必要換気量は、30〔m³/h〕程度となる。

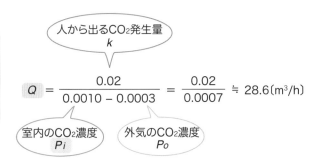

人から出るCO_2発生量
k

$$Q = \frac{0.02}{0.0010 - 0.0003} = \frac{0.02}{0.0007} \fallingdotseq 28.6 (m³/h)$$

室内のCO_2濃度
P_i

外気のCO_2濃度
P_o

換気回数は、ザイデルの式で求めた換気量 Q 〔m³/h〕を居室の室容積〔m³〕で割ることにより求める。

換気回数を求める式

$$換気回数（回/h）＝ \frac{換気量（m³/h）}{居室の室容積（m³）}$$

第5章　換気・排煙設備

127

5 機械換気に関する規制

建築基準法における機械換気 ▶▶ 無窓居室の換気

居室のうち無窓居室（換気上有効な開口部が床面積の 1/20 以上設けられていない室）には、換気設備を設置するように定められています。この場合、機械換気設備の必要換気量は次のように計算するよう規定されています（建築基準法施行令第 20 条の 2）。

$$必要換気量〔m^3/h〕= 20 ×居室の床面積〔m^2〕/1 人当たりの占有面積〔m^2〕$$

$$(5-5-1)$$

上式の 20 は、$20m^3/h$・人の意味ですが、この根拠は成人男子が静かに座っているときの CO_2 排出量に基づいた必要換気量です。また、居室では 1 人当たりの占有面積が $10m^2$ を超える場合は、$10m^2$ とします。

なお、建築用途に対する 1 人当たりの占有面積は次の表のようになります。計算問題を解く際に参照してください。

建物用途	単位当たり算定人員	1 人当たり占有面積〔m^2〕	備　考
店舗・マーケット		3	営業の用途に供する部分の床面積
公会堂・集会場	同時に収容しうる人員	0.5 ～ 1	
図書館		3	
事務所		5	事務室の床面積
診療所・医院		5	居室の床面積

（四訂版『空調・衛生設備 advice』空気調和・衛生工学会編、新日本法規出版　より抜粋）

換気量を計算してみよう ▶▶ 換気量の計算例

例 1　床面積が $800m^2$ の無窓階事務室の必要換気量を求めます。

【計算】　上表から事務所の 1 人当たりの占有面積は $5m^2$ となります。これらの値を 5-5-1 式に代入すると、

$$必要換気量= 20〔m^3/h・人〕× 800〔m^2〕/ 5〔m^2/ 人〕= 3,200〔m^3/h〕$$

最初から事務所内の人員がわかっているときは、$20m^3/h$・人×人員で計算します。

例 2　160 人が作業する事務所の必要換気量を求めます。

【計算】　$必要換気量= 20〔m^3/h・人〕× 160〔人〕= 3,200〔m^3/h〕$

台所の IH ヒーター換気量 ▶▶ 東京都の指針によると

法令上、燃焼廃ガスの排出換気量基準は設けられていません。東京都の指針では、家庭用の台所の場合は、ミニキッチンで $200m^3/h$、一般キッチンでは $300m^3/h$ 以上の換気量を目安とすることになっています。

室内空気の清浄度は法律で決められている

法律による必要換気量の計算

建築基準法施行令第20条の2

機械換気設備の必要換気量は、右の式によって計算した数値以上とすることとされている。

$$V = \frac{20 \times A_f}{N}$$

V	必要換気量〔m³/h〕
A_f	居室の床面積〔m²〕

換気上有効な窓その他開口部を有する場合は、その換気上有効な面積に20を乗じて得た面積を居室の床面積から減じた面積。

N　1人当たりの占有面積〔m²〕
居室においては、10を超えるときは10とする。

快適な空気の法的基準とは

建築基準法施行令第129条の2の5第3項　（※は令和4年4月1日改正）

温度※：
18℃以上28℃以下、ただし、居室の温度を外気の温度より低くする場合は、その差を著しくしないこと。

相対湿度：
40%以上70%以下

一酸化炭素の含有量※：
$\frac{6}{100万}$ 以下
（6ppm以下）

二酸化炭素の含有量：
$\frac{1,000}{100万}$ 以下
（1,000ppm以下）

浮遊粉塵の量：
空気1m³につき
0.15mg以下

・気流：1秒間につき0.5m以下

POINT

継続的に吹く気流の速度が 0.5m/s を超えると、人は一般的に不快に感じるようになる。よって、換気においての気流速度は 0.5m/s 以下に設定されている。また、換気と通風は似ているが、気流を感じない程度に室内の空気を入れ替えることを換気、気流を体感し、大量の空気を入れ替えることを通風という。

第5章　換気・排煙設備

6 シックハウスへの対策

換気設備設置の義務付け ▶▶ 改正建築基準法により規制

かつての住宅では、窓を開閉する機会が多く、また適度な隙間により自然換気がされていましたが、最近の住宅は高気密化され自然換気量も少なくなり、**シックハウス症候群**が問題になりました。シックハウス症候群は、居室内の空気が原因で発病するもので、めまい、吐き気、頭痛等に始まり、化学物質過敏症になってしまうケースもあります。原因は、**ホルムアルデヒド**で、建築資材の合板、接着剤、壁紙、カーペット等から発生します。なお、シックハウス症候群は、シックビル症候群から転じた和製造語です。

そこで、平成15年7月に施行された改正建築基準法により、新築の住宅では、建物の気密化傾向や、シックハウス症候群の原因となる化学物質の室内濃度を下げる対策などの目的で、すべての居室に機械換気設備の設置が義務化されました。

この法律により住宅の場合、たとえば2時間で室内の空気を100%入れ替える容量の換気設備を設け、**24時間換気**をする等の対策が必要になりました。

ホルムアルデヒドを発散する建築材料を使用しない場合でも、家具からの発散があるため、居室には、①換気設備、②空気を浄化して供給する方式の機械換気設備、③中央管理方式の空気調和設備、のいずれかに適合する換気設備の設置が義務付けられています。

必要な換気の量は ▶▶ 換気量の算定

有効換気量は、次の式によって求めます。

❶**換気設備の場合**：$V = L \times A \times h$ (5-6-1)

住宅の居室等は、**換気回数0.5回/h以上**、これ以外は**0.3回/h以上**の機械換気設備が必要になります。

❷**空気を浄化して供給する方式の場合**：$G = Q (1 - C/D) + V$ (5-6-2)

❸**中央管理方式の空気調和設備の場合**：$V = 10 (E + 0.02J \cdot A)$ (5-6-3)

ただし、V：有効換気量〔m^3/h〕、L：居室の換気回数〔回/h〕、A：居室の床面積〔m^2〕、h：居室の天井の高さ〔m〕、G：有効換気換算量〔m^3/h〕、Q：浄化して供給する空気の量〔m^3/h〕、C：浄化した空気に含まれるホルムアルデヒドの量〔mg/m^3〕、D：室内の空気に含まれるホルムアルデヒドの量〔mg/m^3〕、E：内装仕上げ材のホルムアルデヒドの発散量〔$mg/m^2 \cdot h$〕、J：住宅等の居室の場合は3.0、その他の居室は1.0、0.02：炭酸ガス発生量〔$m^3/h \cdot 人$〕

気密性の高い現代住宅の課題

 ## シックハウスの原因となるホルムアルデヒド

【ホルムアルデヒド】

皮膚や粘膜への刺激が強く、発ガン性があり、空気中に放出されると人体に悪影響を及ぼす。ホルムアルデヒドを37%含んだ水溶液は、標本などを保存する液体で知られるホルマリンであり、防虫剤・防腐剤・塗料・接着剤などにも使用されている。

頭痛　めまい　吐き気　喉の痛み　皮膚炎

 ## 3つのシックハウス対策

対策1 内装仕上げに関するホルムアルデヒド発散建築材料の使用制限

部屋の相対湿度が50%、室温が28℃の状態で、ホルムアルデヒドの発散速度を以下の4種類に分類し、ホルムアルデヒド発散建築材料の内装仕上げの使用を制限している。

☆が多いほど安全な建材

建築材料の区分	表示記号	ホルムアルデヒド発散速度	内装仕上げの使用制限
建築基準法の規制対象外	・F☆☆☆☆	0.005mg/(m²・h)以下	使用制限なし
第三種ホルムアルデヒド発散建材	F☆☆☆	0.005〜0.020mg/(m²・h)以下	使用面積の制限あり
第二種ホルムアルデヒド発散建材	F☆☆	0.020〜0.120mg/(m²・h)以下	使用面積の制限あり
第一種ホルムアルデヒド発散建材	表示なし	0.120mg/(m・h)超	使用禁止

対策2 機械換気設備設置の義務

原則、住宅等の居室には0.5回/h以上、これ以外の居室には0.3回/h以上の機械換気設備の設置が義務付けられている。なお、24時間換気システムにするときは、0.5回/h程度の換気が必要となる。

対策3 天井裏等の制限

天井裏、小屋裏、床下、収納スペースなどから居室へのホルムアルデヒド流入を防止するために、以下のいずれかの対策が必要となる。

① 第一種、第二種ホルムアルデヒド発散建材を使用しないこと。
② 気密層や通気止めを設けて天井裏等と居室を区別すること。
③ 適切な換気設備を設けて居室の空気圧を天井裏等よりも高い状態に保つようにすること。

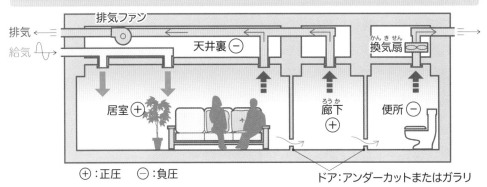

排気ファン　排気　給気　天井裏 ⊖　換気扇　居室 ⊕　廊下 ⊕　便所 ⊖
⊕：正圧　⊖：負圧　ドア：アンダーカットまたはガラリ

7 排煙方式の種類

居住者が安全に避難するための設備 ▶▶ 排煙設備の目的

　排煙の目的は、建築物などでの火災時に、発生する煙を速やかに排出し、煙の拡散と煙の層が降下するのを防止し、避難ルートに煙を侵入させないようにすることで、建物の居住者の安全な避難を助けることにあります。

　建築基準法では、次の箇所に排煙設備を設置するよう定められています。

- 建築物の居室（きょしつ）、通路（廊下）（ろうか）等
- 特別避難階段の付室（ふしつ）
- 非常用エレベーターの乗降ロビー
- 地下街の地下道

　駐車場、非常用エレベーターの乗降ロビーおよび特別避難階段の付室の排煙設備は、排煙機も含め単独系統とし、他の排煙設備と兼用してはいけません。

用途により方式を採用する ▶▶ 各方式の特徴

❶自然排煙方式（自然換気による排煙）

　外気に面する窓や、ガラリなどの開口部を排煙口として利用し、排煙を行なうもので、出火時にこの排煙口を開放し排煙します。排煙口の開口面積が、防煙区画の床面積の 1/50 以上のときに適用されます。長所には、排煙機がないため電源が不要で、停電時の排煙停止がないことがあげられます。

❷機械排煙方式（吸引式排煙）

　排煙機によって煙を強制的に建物外に排出する方式で、排煙口・排煙ダクト・排煙機などで構成されています。出火時に排煙口を開くと、同時に排煙機が起動し排煙が行なわれます。長所としては、外部に面していない部屋でもダクトによる排煙ができます。また、必要な排煙風量を設定、確保できます。

❸加圧排煙方式（機械給気併用自然排煙方式）

　送風機により外気を押し込み、区画内の圧力を高め、煙を押し出す方式です。長所は、区画内の圧力が高くなるので、区画内へ煙が侵入しにくくなることです。

❹空調兼用排煙方式

　空調設備や換気設備の送風機およびダクト系統を使うもので、ダンパーの切替えで、火災時に排煙設備として転用利用する方式です。

安全に避難するために必要な排煙設備

煙の動きを知る

火災によって発生する煙は、下から上に向かい上昇し、天井に沿って横に広がっていき、やがて適切な排煙口などの逃げ道がない場合は、床面に向かって煙が下降する。煙には一酸化炭素などの有毒ガスが含まれていて、吸い込むと体が動かなくなり避難が遅れ、大変危険。

煙が横に広がる速度：0.5〜1m/s

煙の上昇速度：3〜5m/s

さまざまな排煙方式

【 自然排煙方式 】

ワイヤーロープ

手動開放装置

【 機械排煙方式 】

排煙機

排煙口

3F

2F

GL
▼ 1F

排煙ダクト

【 加圧排煙方式 】

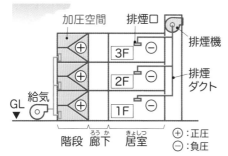

加圧空間　排煙口

3F

2F

GL 給気
▼

1F

階段　廊下　居室

排煙機

排煙
ダクト

⊕：正圧
⊖：負圧

※ 図は階段給気型加圧排煙方式で、特別避難階段を持たない中低層ビルに適している。

【 空調兼用排煙方式 】

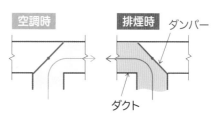

空調時　　排煙時　ダンパー

ダクト

ダンパーにより空調時と排煙時を切り替え、ダクトを兼用することによって、ダクト量を削減することができる。

第5章　換気・排煙設備

133

8 自然排煙に関する規制

■ 煙の拡散を防ぐための区画 ▶▶ 防煙区画

防煙区画は、火災発生時に煙が天井を這って四方に拡散することを防止するとともに、**防煙垂れ壁**または**防煙壁**で計画的に区画することで、面積区画、用途区画、避難区画、竪穴区画の種類があります。建築基準法では、防煙区画の最大面積は 500m^2 以下とし、映画館や劇場などは、例外として 500m^2 を超えた区画とすることができます。

■ 天井から突出した壁を設ける ▶▶ 防煙垂れ壁

防煙垂れ壁とは、天井面より 50cm 以上下方に突出した不燃材による壁のことをいいます。面積の広い部屋で防煙壁で区画ができない場合に設ける、可動式防煙垂れ壁もあります。ガラスを防煙壁として用いる場合は、鉄線入りまたは、網入りガラスを使います。

■ 排煙口取付けの留意事項 ▶▶ 取付位置と構造上の注意点

①天井または壁に取り付け、壁取付けの場合、天井面より 80cm 以内で、防煙垂れ壁内とします。

②排煙区画内の各部分からの水平距離が **30m 以下**になるように設置します。

③自然排煙口が常時開いていることは問題があるので、常時閉鎖状態にします。

④火災時のフラッシュ・オーバー（139 ページ参照）などの外的圧力に耐えられる構造にします。

⑤自然排煙口の内・外側のどちらかにシャッターが取り付けられている場合は、排煙口として認められません。

⑥ベンチレーター（屋根に取り付ける換気扇）は、自然排煙口とすることができます。

■ 排煙口の開放装置 ▶▶ 開放装置の構造上の留意事項

排煙口の開放装置の操作方法には、直接手で開放、ワイヤーを介して開放、電気信号を利用して開放、煙感知器連動で開放するなどの方法があります。いずれも、開放装置は手動で操作します。壁に取り付ける場合の高さは、床面から 80 ～ 150cm とし、天井から吊り下げる場合は、床面から概ね 180cm の高さとします。

留意点としては、ワイヤーは、定期的な調整、点検が容易にできるように設置します。また、電動モーターを利用する場合は、予備電源が必要となります。

■ 自然排煙の長所と短所 ▶▶ 機能停止の心配はない

長所は、排煙機を使わないので電源は不要で、停電時の機能停止のおそれがありません。
短所は、煙の流れを制御することができません。

防煙区画と排煙口の設置基準

排煙設備の取付位置について

様々な除外規定はあるが、以下のような一定規模以上の建物には避難の安全性を確保するために排煙設備の設置が義務付けられている。

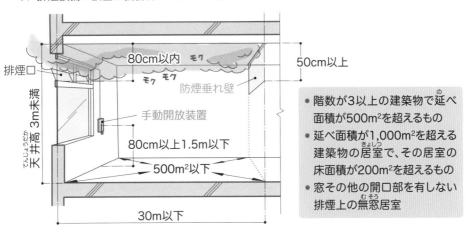

排煙口

天井高 3m未満

80cm以内 モク
モク モク
防煙垂れ壁

手動開放装置

80cm以上1.5m以下

500m²以下

50cm以上

30m以下

- 階数が3以上の建築物で延べ面積が500m²を超えるもの
- 延べ面積が1,000m²を超える建築物の居室で、その居室の床面積が200m²を超えるもの
- 窓その他の開口部を有しない排煙上の無窓居室

※ 天井から吊り下げるタイプの手動開放装置の場合は、床面から約 1.8m の高さに取り付ける。天井高が 3m 以上の場合の排煙口の設置位置は、床面から 2.1m 以上、かつ、天井高の 1/2 以上とする。

【 排煙口 】

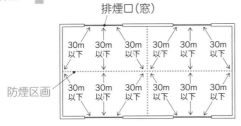

排煙口（窓）

防煙区画

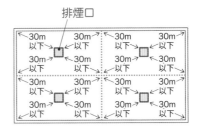

排煙口

不燃材料を使用し、天井から 80cm 以内の高さ、かつ、防煙区画内の各部から水平距離 30m 以下に設置。手動開放装置を備え、直接外気に接する場合以外は排煙風道に直結する構造にする。

【 防煙垂れ壁 】

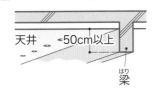

天井 50cm以上

梁

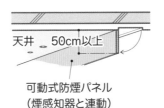

天井 50cm以上

可動式防煙パネル
（煙感知器と連動）

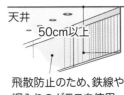

天井 50cm以上

飛散防止のため、鉄線や網入りのガラスを使用

天井面から50cm以上突出し、不燃材料または、不燃材料で覆われた間仕切り壁などが防煙垂れ壁として使用できる。建築物の梁などの躯体利用も可能だが、デパート、百貨店、オフィスビルなどでは、視認性がよく圧迫感が少ない網入りガラスの防煙垂れ壁を見かけることが多い。

9 機械排煙

■ 排煙機で強制的に排気する方式 ▶▶ 排煙機設置の留意事項

　機械排煙設備とは、排煙機、排煙口、排煙ダクトを用いて煙を強制的に排気する方式で、火災時に排煙口を開くと同時に排煙機が起動して煙を排気します。

①排煙機は、**ターボ型**、シロッコ型、**軸流型（じくりゅうがた）**が一般的に使用されていて、280℃で30分以上耐える耐熱構造として排煙ダクトの末端に取り付けます。

②火災が発生した場合、常用電源で排煙機のモーターを駆動（くどう）させます。常用電源が使用できなくなったときには、自動的に非常電源に切り替える方法を取ります。また、最初から非常電源が使用できない場合は、排煙機専用のエンジンを取り付けます。

③排煙機の能力は、2以上の防煙区画を対象とする場合、120m³/min以上で、かつ、最大防煙区画の床面積×2m³/min・m²以上にします。

■ 排煙口の取付けについての決まり ▶▶ 機械排煙の場合の排煙口

①機械排煙の排煙口は、常時閉鎖型と常時開放型の2種類に分けられます。

②排煙口の取付高は、天井高（てんじょうだか）が3m以下のとき、天井面または天井から80cm以内、防煙垂れ壁区画内とする場合は、垂れ壁の下端より上の部分内に設置します。

③天井高が3m以上のとき、天井高の1/2以上で、かつ床面からの高さが2.1m以上の部分に取り付けます。

④複数の排煙口を同じ防煙区画の中に取り付ける場合は、1つの排煙口を開放することで他の排煙口も同時に開放できるように連動させます。

⑤防煙区画の中に可動間仕切がある場合、可動間仕切ごとに排煙口を取り付け、連動させます。

■ 排煙口の開放装置 ▶▶ 開放装置の構造上の留意事項

①排煙口は、手動開放装置で操作をすることが原則となっています。ただし、高さが31mを超える建物で、床面積の合計が1,000m²を超える地下街に設置する排煙口は、中央管理室から遠隔操作をすることになります。

②手動開放装置取付けにおいては、排煙口と連絡するワイヤーは短くし、曲がりの数を少なくして、手動装置がスムーズに作動できるようにします。

■ 機械排煙の長所と短所 ▶▶ 排煙が的確に行なえる

　長所は、外部に面していない室でも排煙が可能で、排煙風量を的確に設定できます。

　短所は、排煙機、ダクト、排煙口、電源などに適切な維持管理が必要です。

強制的に排煙する機械排煙の概要

機械排煙の作動状況

手動開放装置を作動させると天井面（てんじょうめん）の排煙口が開き、排煙機が連動して煙を排出する。ダクト途中にある防火ダンパーは隣接区画への炎の侵入を防ぐ役割がある。

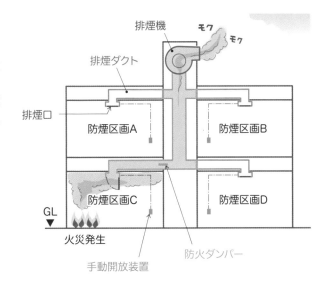

機械排煙に必要とされる性能

⊕：正圧　⊖：負圧

機械排煙は、区画の圧力や排煙量を設定しやすく、外気に面していない地下空間の排煙にも適しているといった長所を持つ。その反面、排煙口、ダンパー、非常電源、煙感知器、排煙機といったシステムが複雑で、適切な維持管理が必要となる。また、排煙にともなう各区画の圧力差により、扉が開閉障害を起こす場合があるので、安全な避難ルートを確保するためには、専門家により計算された排煙計画が必要である。

機械排煙に必要とされる各部分の性能などをまとめると以下のようになる。

排煙口	・排煙口とダクト接合部の気密性が高く、また、排煙口が閉鎖状態の場合においても気密性が高いこと。 ・不燃材料を使用し、耐熱性を有すること。 ・取付位置については自然排煙と同じ。
排煙ダクト	・不必要な長さのダクトとしないこと。 ・防火区画を貫通する部分には、防火ダンパーを使用すること。 ・不燃材料を使用し、耐熱性を有すること。
排煙機	・吸込み温度が280℃で30分以上正常に運転可能で、580℃で30分以上著しい損傷がなく運転が可能な性能を有すること。 ・1分間に120m^{3}以上、かつ、最大防煙区画の床面積について1m^{2}当たり1分間に2m^{3}以上の排煙能力を有すること。 ・ダクトの最上部に位置し、高温の煙が排出されても安全を確保できる場所に設置すること。

137

10 排煙風量を求める

■ 排煙風量の求め方 ▶▶ 防煙区画の排煙風量と排煙機の風量

防煙区画の排煙風量は、排煙風量〔m³/min〕＝防煙区画の床面積〔m²〕×1〔m³/min・m²〕（5-10-1）以上として算出します。また、排煙機の風量の算定は、以下のとおりとします。

❶ 1つの防煙区画を1台の排煙機が受け持つ場合の排風量は、120m³/min 以上で、防煙区画の床面積〔m²〕×1〔m³/min・m²〕以上とします。

❷ 2つ以上の防煙区画を1台の排煙機が受け持つ場合の排風量は、120m³/min 以上で、最大防煙区画の床面積〔m²〕×2〔m³/min・m²〕以上とします。

また、排煙口の開口面積は次の式により求めます。

排煙口の開口面積〔m²〕＝排煙風量〔m³/min〕÷（60〔sec/min〕×排煙口の標準通過風速〔m/sec〕（＝10m/sec 以下））　　　　　　　　　　　　（5-10-2）

■ 排煙風量を計算してみよう ▶▶ 排煙風量の計算例

事務所建築物で右図のようなA（300m²）、B（500m²）、C（400m²）各室の防煙区画の排煙風量、排煙口サイズ、排煙機風量を算出してみます。

排煙風量の算定 5-10-1 式より、

A室　300〔m²〕×1〔m³/min・m²〕＝300〔m³/min〕

B室　500〔m²〕×1〔m³/min・m²〕＝500〔m³/min〕

C室　400〔m²〕×1〔m³/min・m²〕＝400〔m³/min〕

排煙口の開口面積の算定 5-10-2 式より、

A室　300〔m³/min〕÷（60〔sec/min〕×10〔m/sec〕）＝0.5〔m²〕（≒700mm×700mm）

B室　500〔m³/min〕÷（60〔sec/min〕×10〔m/sec〕）＝0.83〔m²〕（≒910mm×910mm）

C室　400〔m³/min〕÷（60〔sec/min〕×10〔m/sec〕）＝0.66〔m²〕（≒810mm×810mm）

排煙機の風量算定 ❶、❷の条件より、

最大防煙区画のB室 500m² が主となるので、500〔m²〕×2〔m³/min・m²〕＝1,000〔m³/min〕以上の排煙機が必要となります。

■ 排煙口を同時に開放する場合もある ▶▶ 防煙区画が小面積の場合

防煙区画の大きさによって排煙口のサイズも変わりますが、最初に小さい排煙口を開放すると、過大な風量、静圧によりドアの開閉に支障をきたす場合があります。やむを得ず防煙区画が小面積になる場合は、2、3箇所の排煙口を同時に開放します。ただし、同時に開放できる防煙区画の面積の合計は500m² 以下となります。

排煙風量、排煙口サイズ、排煙機風量の計算

【左ページの計算例の図】

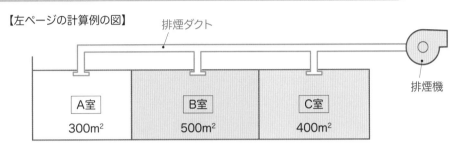

排煙ダクト

排煙機

A室	B室	C室
300m²	500m²	400m²

避難経路の計画

下の図は加圧防煙システムの概念図である。初期の火災時には、煙が避難の妨げになることが多いので、火災源である居室（きょしつ）を排煙し、付室（ふしつ）に外気を加圧して避難方向とは逆の空気の流れを作る計画が、避難経路の安全性を確保する上で重要となる。

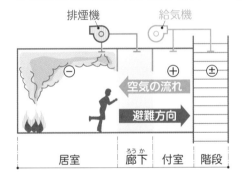

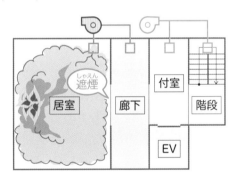

避難経路を確保する際、火災室を密閉して酸素不足の状態を作り、燃焼制御（せいぎょ）する方法があるが、室内の温度が異常に上昇するため、フラッシュ・オーバー や バックドラフト に対する注意が必要である。

【フラッシュ・オーバー】

室温の上昇により室内の可燃物が溶け、放出された可燃性のガスに引火することにより、辺り一面が一瞬にして炎に包まれる現象。高断熱高気密の現代住宅で発生しやすい。

【バックドラフト】

密閉された空間で不完全燃焼により可燃性のガスが充満した状態で、窓ガラスが割れたり、扉の開放などにより新鮮空気が突然供給されると、爆発的な燃焼を起こす現象。

11 排煙ダクト

▎排煙ダクトの取付け ▶▶ 変形・脱落しないために

排煙作動が開始されたときに、急激な温度の上昇や振動などにより、ダクトの変形、脱落などが起こらないように、支持固定を強固に補強します。また、排煙ダクトは、電線・電線管などに接触しないように取り付けます。

▎排煙ダクトの風量を計算してみよう ▶▶ 排煙ダクトの風量の決め方

主ダクトの風量は、排煙機より遠い室から順次比較して、大きいほうの風量を選びます（右ページ参照）。

A ダクトの風量＝ 300〔m²〕× 1〔m³/min・m²〕＝ 300〔m³/min〕

B ダクトの風量＝（300 ＋ 500）〔m²〕× 1〔m³/min・m²〕＝ 800〔m³/min〕

C ダクトの風量＝（500 ＋ 400）〔m²〕× 1〔m³/min・m²〕＝ 900〔m³/min〕

C は、そのダクト系統の最大風量となります。

なお、排煙ダクトの最大風量が 900m³/min になっても、排煙機の風量は 900m³/min ではありません。最大防煙区画の床面積は 500m² なので、500〔m²〕× 2〔m³/min・m²〕＝ 1,000〔m³/min〕で、排煙機風量は 1,000m³/min となります。

▎排煙ダクトのサイズを決める ▶▶ 選定時の注意事項

①ダクト内風速は、20m/sec 以下とします。

②排煙ダクトは、原則として亜鉛鉄板製または普通鋼板製とします。

③鉄筋コンクリート、ALC 板※等のダクトは、気密性がよくないので使用しないほうがよいとされています。

④立ダクト（メインダクト）には、原則として防火ダンパーを取り付けません。

※ ALC 板：補強鉄筋と軽量の気泡コンクリートパネルでできており、耐火性、断熱性に優れている。

▎天井裏のダクト ▶▶ 断熱措置

①天井裏のダクトは、金属以外の不燃材料（ロックウール厚さ 25mm 以上など）で覆います。

②可燃材料（木材等）から 150mm 以上離すか、または、厚さ 100mm 以上の金属以外の不燃材料で覆います。

▎排煙ダクトの防火ダンパー ▶▶ 280℃になると作動

排煙ダクトの防火ダンパーの作動温度は、一般的な空調、換気ダクトの 72℃と比べ、280℃と高くなります。なお、防火ダンパーの構造は、空調、換気、排煙とも同じです。

排煙に適したダクトの選定

排煙ダクト風量の計算

【左ページの計算例の図】

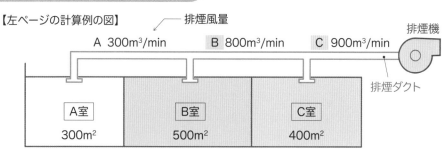

排煙風量

A 300m³/min　B 800m³/min　C 900m³/min　排煙機

排煙ダクト

A室	B室	C室
300m²	500m²	400m²

排煙ダクトの構造

【アングルフランジ工法】

アングル鋼で製作したフランジ同士をボルトでつなぐ工法が排煙ダクトでは多く使われる。

ダクト

ガスケット

【アングルフランジ接合】

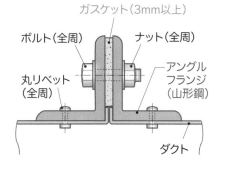

ガスケット（3mm以上）

ボルト（全周）　ナット（全周）

丸リベット（全周）　アングルフランジ（山形鋼）

ダクト

【接合部】

ボタンパンチはぜ　12〜15mm

ピッツバーグはぜ　5mm以上　10〜15mm

角ダクトの接続はボタンパンチはぜが主流だが、強度が要求される排煙ダクトなどではピッツバーグはぜが適している。

【防火ダンパー】

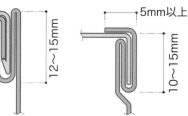

防火区画　吊りボルト
短管　ヒューズホルダー
モルタル充填（じゅうてん）　形鋼　断熱材　防火ダンパー

排煙用ダクトは、耐熱性、耐久性が求められるため一般ダクトより板厚がやや厚く作られる。特に防火区画貫通（かんつう）部分に使用するダクトは1.5mm以上の板厚とする。また、防火ダンパーのヒューズは一定温度に達すると溶解し、ダンパーが自動的に閉鎖することにより、隣接区画への炎の侵入を防ぐ。溶解温度は、一般空調のダンパーより耐熱性のある280℃とする。

Column　ビルに刻まれた「定礎」

　ビルやマンション、学校などの大きな建築物の外壁に、「定礎」と書かれた御影石や銘板（プレート）が設置されているのを見ることがあると思います。

　「定礎」は、正しくは「定礎石」といい、定礎式で建物に埋め込む石のことを指します。建物の仕上げの時期に行われる定礎式は、竣工までの順調な進捗と安全などを祈願します。据付場所は、建物の場合は、東南の隅に鎮定されます。

定礎石は、文字と年月日を彫った石で、「定礎」は施主の代表者の自筆文字を彫ることが多いようです。

　また、定礎には、定礎箱という箱が埋め込まれるケースも多く、以下のような資料を入れたりします。

　定礎銘板、土地を守る氏神様のお札、建物の平面図、当日の官報、新聞、通貨、会社の社史、施主の名前、建築会社名など

　定礎箱は、収納品を入れる箱で、腐食を防ぐため鉛製などが使われたりします。定礎箱に入れたものを見るのは、建物を解体するときになるので100年後になるかもしれません。そのビルのタイムカプセルと言えます。

定礎箱

第6章 空気調和設備の設計

空調設備を決定するには、その地域の気候などの外気条件から、室内で発生したり損失される熱量といった室内条件、さらに外から室内へ侵入してくる熱量などを計算する必要があります。これらの空調負荷を計算し、空調機に求められる暖房・冷房能力を求めます。コンピュータソフトを用いて計算する方法が一般的に行なわれていますが、本章では、設計の手順を勉強するために、一つ一つ条件を計算していきます。

空気調和負荷とは ▶▶ 冷房負荷と暖房負荷

空調負荷には、冷房負荷と暖房負荷があります。**冷房負荷**とは、冷房するときに室外から室内に侵入してくる熱の量（**取得熱量**）を取り除くための熱量をいい、**暖房負荷**とは、暖房するときに室内から室外へと逃げていく熱の量（**損失熱量**）を補うための熱量をいいます。また、空調負荷を分類すると、外壁および屋根を通過してくる熱量、窓ガラスからの熱量、内壁、床、天井を通過してくる熱量、隙間風の侵入してくる熱量、人体から発生する熱量、照明器具から発生する熱量、その他、室内器具より発生する熱量、新鮮空気導入のための負荷があります（表1）。

外気の設計条件 ▶▶ 外気条件

空調設備を設計するには、天候の状態、また各地域、時間帯などの条件を考慮する必要があります。表2に冷暖房設計用外気条件を示します。

たとえば、東京における冷房の条件としては、乾球温度（8〜17時）32.6℃、露点温度（8〜17時）24.9℃となり、湿り空気線図（27ページ）より相対湿度62.5％となります。

室内の設計条件 ▶▶ 室内条件

省エネルギーのため、サーモスタット（温度調節器）の設定を冷房は27〜28℃、暖房は18〜20℃にすることが推奨されていますが、一般的な室内条件は、夏期（冷房）においては乾球温度26.0℃、相対湿度50％、冬期（暖房）においては乾球温度22.0℃、相対湿度50％としています（表3）。ただし、工場などの冬期には、作業により発熱（顕熱・潜熱、14ページ参照）があるため、18.0℃程度としています。

空調している部屋としていない部屋の温度差 ▶▶ 非空調室との温度差

設計をするにあたって、空調する室と非空調室の温度差が関係します。温度差は下記の式で求められます。

$$\Delta t = r (t_o - t_r) \tag{6-1-1}$$

ただし、Δt：空調室と非空調室の温度差〔℃〕、r：隣室温度差係数（一般に冬期0.25、夏期0.4）、t_o：外気温〔℃〕、t_r：空調室の温度〔℃〕

例　題

外気温度32℃、室内温度26℃のときの空調室と非空調室の温度差を求めなさい。

【ヒント】　6-1-1式で算出してください。室内外温度から見て夏期のため、隣室温度差係数は0.4とします。（解答は173ページ）

いろいろな空気調和負荷

【冷房負荷】

熱取得

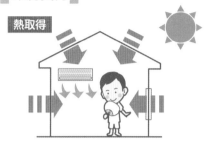

冷房するために取り除かなくてはならない熱量。除湿にかかる熱量も含む。

【暖房負荷】

熱損失

熱損失を補い、暖房するための熱量。加湿にかかる熱量も含む。

表1　空気調和負荷の分類

各種負荷の熱量	各負荷内容	顕熱	潜熱
室内取得熱量	● 外壁・屋根よりの熱量	●	
	● 窓ガラスよりの熱量（日射・伝導）	●	
	● 間仕切、床、天井よりの熱量	●	
	● 隙間風（窓、扉）	●	●
	● 人体の発生熱量	●	●
	● 照明の発生熱量	●	
	● 器具（室内設備）の発生熱量	●	●
機器内取得熱量	● 送風機の動力熱	●	
新鮮空気負荷	● 外気負荷	●	●

表2　冷暖房設計用外気条件

地名	暖房設計用				冷房設計用			
	屋外乾球温度〔℃〕		屋外露点温度〔℃〕		屋外乾球温度〔℃〕		屋外露点温度〔℃〕	
	1〜24時	8〜17時	1〜24時	8〜17時	1〜24時	8〜17時	1〜24時	8〜17時
鹿児島	− 0.5	1.7	− 5.0	− 5.4	32.4	33.0	25.3	25.5
宮崎	− 0.7	1.6	− 6.4	− 6.4	32.2	33.3	25.7	26.0
福岡	− 0.1	1.5	− 6.4	− 6.0	32.4	33.3	25.1	25.3
大阪	− 0.6	1.1	− 7.4	− 7.4	32.8	33.6	24.5	24.5
名古屋	− 2.1	0.3	− 8.2	− 9.0	32.9	34.3	24.6	24.9
東京	− 1.7	0.6	− 11.4	− 12.2	31.5	32.6	24.8	24.9
銚子	− 0.5	3.0	− 9.2	− 9.8	28.2	28.9	24.9	25.3
前橋	− 3.2	− 0.5	− 11.7	− 12.2	31.2	32.4	24.5	24.8
仙台	− 4.4	− 2.3	− 8.9	− 9.1	29.0	30.4	23.8	24.2
新潟	− 1.9	− 1.2	− 6.4	− 6.0	31.0	32.2	24.3	24.5
秋田	− 5.1	− 4.1	− 9.7	− 9.1	29.7	31.3	23.7	24.0
札幌	− 12.0	− 9.4	− 16.0	− 14.8	27.4	29.0	21.5	22.0
稚内	− 11.2	− 10.8	− 15.6	− 15.3	23.2	24.3	20.2	20.5

（『空気調和・衛生工学便覧』第 14 版第 1 巻、空気調和・衛生工学会編・発行　より抜粋）

表3　一般的な室内条件

	乾球温度〔℃〕	露点温度〔℃〕	相対湿度〔%〕
暖房	22.0	11.0	50
冷房	26.0	15.0	50

一般に、空調によりこのような温湿度となるよう設定する。

2 冷暖房設計条件②

室内に発生する熱を求める ▶▶ 人体や照明からの発生熱量

室内で発生する熱には、人体から発生する熱、照明器具から発生する熱、室内器具から発生する熱などがあります。

❶人体発生熱量の求め方

人体から発生する熱量には、**顕熱**と**潜熱**があります。工場など重労働の場所は、顕熱も潜熱も全体的に多くなりますが、特に汗をかくので、潜熱が多くなります。

$$q_p = (q_{ps} + q_{pl})\,NP \qquad (6\text{-}2\text{-}1)$$

ただし、q_p：人体発生熱量〔W〕、q_{ps}：人体1人当たりから発生する顕熱〔W/人〕、q_{pl}：人体1人当たりから発生する潜熱〔W/人〕、NP：人数〔人〕（人数が決められていない場合は、表2の居住人員より算出する）

❷照明器具の発生熱量の求め方

照明器具には、一般的にLEDと蛍光灯が使用されています。事務所ビルや一般住宅の居間や台所では、LEDが使われています。

$$W = \frac{CE}{K\varepsilon} \qquad (6\text{-}2\text{-}2)$$

ただし、W：1m² 当たりの発生熱量〔W/m²〕、C：減光補償率、E：照度〔lx〕、K：照明率、ε：器具の照明効率〔lm/W〕

LEDの場合 $\qquad q_E = 2.5\,W_{rL}A \qquad (6\text{-}2\text{-}3)$

蛍光灯の場合 $\qquad q_E = 1.5\,W_{rL}A \qquad (6\text{-}2\text{-}4)$

ただし、q_E：照明器具の発生熱量〔W〕、W：1m² 当たりの発生熱量〔W/m²〕、r_L：照明負荷遅れ係数（露出：0.85、埋込：0.75）、A：室面積〔m²〕

例　題

① 1,000m² の事務室において、人体から発生する熱量を求めなさい。ただし、室温は26℃とする。

【ヒント】　表1、表2を使って、6-2-1式で算出してください。

② 1,000m² の事務室のLED（直接照明）から発生する熱量を求めなさい。ただし、受照面から光源の高さは2mとし、平面短辺と長辺との平均長さを4mとする。また、照明負荷遅れ係数を1.0とする。

【ヒント】　表3、表4、表5を使って、6-2-2式、6-2-3式で算出してください。

（解答は173ページ）

生活の中で発生する熱を求める

人体発生熱量を求めるためのデータ

表1　人体1人当たりの発生熱量

〔W/人〕

作業状態	場所	室温28℃		室温26℃	
		顕熱	潜熱	顕熱	潜熱
静座	劇場	44	48	51	41
軽作業	学校	48	58	55	51
事務作業	事務所、ホテル、デパート	47	72	55	64
座業	レストラン	51	94	59	86
着席作業	工場（軽作業）	50	148	63	135
重労働	工場（重作業）	70	194	84	180

（『空気調和ハンドブック』改訂5版、井上宇市編、丸善　より抜粋）

表2　居住人員

建物種類	室内用途	人員数〔人/m²〕
事務所	事務室	0.2
	応接室	0.5
	会議室	0.5
学校	教室	0.7
劇場	客室	1.5
	ロビー	0.25
図書館	閲覧室	0.6
美術館	展示ホール	0.15
百貨店	売場	0.5
レストラン	食堂	0.7

照明器具の発生熱量を求めるためのデータ

表3　照明特性の概算値

照明種別	蛍光灯	LED
C：減光補償率	1.5	2.5
ε：照明効率〔lm/W〕	60	100

表4　照明率 K の概算値

h：受照面からの光源の高さ〔m〕　x：平面短辺と長辺との平均長さ〔m〕

照明方法 \ x/h	0.5以下	0.5～1	1～2	2以上
直接	0.5	0.6	0.7	0.8
半直接	0.4	0.5	0.6	0.7
全般拡散	0.35	0.45	0.55	0.65
半間接	0.3	0.4	0.5	0.6
間接	0.2	0.3	0.4	0.5

表5　照度基準（JIS Z9110-2010 より作成）

照度段階〔lx〕	事務所	病院	映画館、その他興行場	旅館、ホテル
1,000		視機能検査室、手術室、救急室		
750	事務室、設計室			フロント、帳場
500	事務室、会議室、応接室、電子計算機室	一般検査室、診察室、薬局、回復室	入場券売場	宴会場兼会議室、クロークカウンター、客室机
200	書庫、更衣室、便所、洗面所	浴室、洗濯室、カルテ室、育児室、面会室	ロビー、観客席、便所、洗面所	広間、ロビー、洗面所、宴会場
100	休憩室、廊下、エレベーター、倉庫	玄関ホール、病室	映写室、玄関、廊下	娯楽室、客室、廊下、浴室
50	屋内非常階段	非常階段		庭、非常階段（75）
50 未満		深夜の病室および廊下	上映中の客室（3）	

〔注〕この照度は、主として作業面（一般には床上85cm、座業のときは床上40cm、廊下などは床面）における水平面照度を示す。

※表中の ▦ の数値等は、例題を解く際に用いる。

POINT

n_L（照明負荷遅れ係数）は、安全をみて1.0とする。また、設計するときに電気図面（照明図面）が手もとにない場合は、事務所ビルの事務室では一般的に W=20～30W/m² として計算することが多い。

3 冷暖房設計条件③

隙間風には注意が必要 ▶▶ 隙間風による熱負荷

　室温を快適な状態に保つためには、壁・床・天井などの断熱性を高めて、熱の流出入を防止したり、開口部の隙間（すきま）を少なくして、熱の損失を防ぎます。しかしながら、どうしても隙間風が室内に入ってきてしまいます。隙間風等によって室内容積の空気が1時間に何回入れ替わるか、コンクリート造と木造における一般的な換気回数〔回/h〕を、表1に示しています。表を見ると、冷房時はほとんど隙間風がないと考えてよいでしょう。また、空調しているときは一般的に外気（新鮮空気）を導入していますので（建築基準法では1人当たり最低20m³/hの新鮮空気の導入が義務付けられる）、必ず室内は正圧の状態となっています。よって、室内には隙間風は侵入しないと考えてよいと思います。ただし、玄関ホール、あるいは喫茶店などの人の出入りが多い場所については、1～2回/h程度の換気回数を見込むとよいでしょう。

　熱負荷として、隙間風は非常に重要な要素です。隙間風が侵入するのとしないのとでは、空調の効率は大きく左右されます。

隙間風による熱量の求め方 ▶▶ 隙間風による熱負荷の算定

$$q_i = q_{is} + q_{il} \qquad\qquad (6\text{-}3\text{-}1)$$

$$q_{is} = \rho \cdot C_p \cdot Q_i / 3{,}600 \cdot (t_o - t_r) \fallingdotseq 0.33 Q_i\,(t_o - t_r) \qquad (6\text{-}3\text{-}2)$$

$$q_{il} = \rho \cdot \gamma \cdot 10^3 \cdot Q_i / 3{,}600 \cdot (x_o - x_r) \fallingdotseq 833 Q_i\,(x_o - x_r) \qquad (6\text{-}3\text{-}3)$$

　ただし、q_i：隙間風による熱量〔W〕、q_{is}：隙間風による顕熱（けんねつ）〔W〕、q_{il}：隙間風による潜熱（せんねつ）〔W〕、ρ：空気の密度（$\fallingdotseq 1.2$〔kg/m³〕）、C_p：空気の定圧比熱（=1,006〔J/（kg·K）〕、Q_i：隙間風の量〔m³/h〕、$t_o - t_r$：屋外、屋内の温度差〔K〕、$x_o - x_r$：屋外、屋内の絶対湿度差〔kg/kg（DA）〕（DA：DryAir）、0.33：$\rho \cdot C_p / 3{,}600$〔h/s〕より、$1.2 \times 1{,}006/3{,}600 \fallingdotseq 0.33$〔J·h/（m³·K·s）〕、$\gamma$：水の蒸発潜熱（$\fallingdotseq 2{,}500$〔kJ/kg〕）、833：$\rho \cdot \gamma \cdot 10^3/3{,}600$〔h/s〕より、$1.2 \times 2{,}500 \times 10^3$〔J/kJ〕$/3{,}600 \fallingdotseq 833$〔kg'·J·h/（m³·s·kg）〕

例 題

　乾球温度（屋外0.6℃、室内22℃）、絶対湿度〔屋外0.00133kg/kg（DA）、室内0.0083kg/kg（DA）〕の条件のとき、室面積1,000m²、天井高2.7mの室内に侵入してくる隙間風による熱量を求めなさい。ただし、換気回数は0.5回/hとする。

【ヒント】　まず室容積を求め、換気量（隙間風の量）を求めてから、それぞれ6-3-1式、6-3-2式、6-3-3式で算出してください。ただし、暖房時の場合は、$(t_o - t_r)$は$(t_r - t_o)$、$(x_o - x_r)$は$(x_r - x_o)$となります。（解答は173ページ）

隙間風の流入による熱損失に注意

隙間風とは

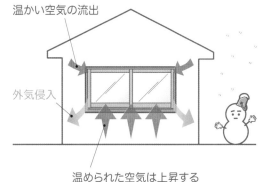

扉や窓などの建具の開閉や隙間などから外気が室内に侵入する。

特に冬期の暖房時は、煙突効果により、建具上方の隙間から温められた室内の空気が流出し、下方の隙間より冷たい外気が侵入しやすい。

隙間風により失われる熱量

表1　隙間風による換気回数

建築構造	換気回数〔回／h〕	
	暖房時	冷房時
コンクリート造（大規模建築）	0〜0.2	0
コンクリート造（小規模建築）	0.2〜0.6	0.1〜0.2
洋風木造	0.3〜0.6	0.1〜0.3
和風木造	0.5〜1.0	0.2〜0.6

〔注〕窓サッシはすべてアルミサッシとする。
（『空気調和ハンドブック』改訂5版、井上宇市編、丸善）

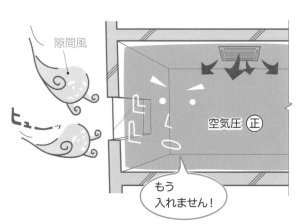

冬期でも、空調しているときは、室内の空気圧が正となっているため、隙間風は侵入しにくくなる。

4 熱貫流率

熱貫流率の求め方 ▶▶ 壁を通って室内に入ってくる熱量

壁を通過して室内に侵入する熱量を表す**熱貫 流 率**（**熱通過率**ともいう）は、以下の式により求められます。なお、熱貫流率について詳しくは、32 ページを参照してください。

$$U = \cfrac{1}{\cfrac{1}{\alpha_0} + \cfrac{t_1}{\lambda_1} + \cfrac{t_2}{\lambda_2} + \cfrac{t_3}{\lambda_3} + C + \cfrac{t_5}{\lambda_5} + \cfrac{1}{\alpha_i}} \tag{6-4-1}$$

ただし、U：熱貫流率〔W/（m^2·K）〕、α_0：外気側表面熱伝達率〔W/（m^2·K）〕（＝ 23）、α_i：室内側表面熱伝達率〔W/（m^2·K）〕（＝ 9）、$t_1 \sim t_3$、t_5：材料の厚さ〔m〕、$\lambda_1 \sim \lambda_3$、λ_5：材料の熱伝導率〔W/（m·K）〕、C：非密閉中空層の熱抵抗〔m^2·K/ W〕（＝ 0.07）

外気側表面熱伝達率α_0、室内側表面熱伝達率α_iは、厳密にいうと、冬期、夏期、水平、垂直、および風速などの条件により変わりますが、ここでは、$\alpha_0 = 23$、$\alpha_i = 9$とします。また、空気層の熱抵抗 C も 0.07 を代入して計算します。次項に熱貫流率計算の実例を示していますので、参考にしてください。

外から侵入してくる熱量の求め方 ▶▶ 外壁面からの侵入熱量

外壁面から侵入してくる熱量には、**相当温度差（実効温度差）**が関係してきます。外気温度と壁面に吸収される日射量は、24 時間を周期として定常的に変化します。これによる熱が壁や屋根を通過して内面に到達するまでに、温度の変動と時間の遅れとがあります。それらを総合的に計算した温度の差を相当温度差といいます。外壁面からの取得熱量は以下の式で求めます。

$$q_w = UA\Delta t_e \tag{6-4-2}$$

ただし、q_w：取得熱量〔W〕、U：熱貫流率〔W/（m^2·K）〕、A：外壁の面積〔m^2〕、Δt_e：相当温度差〔K〕（表 1、表 2 参照）

例 題

南面にある外壁面（熱貫流率 1.21〔W/（m^2·K）〕）100m^2 から侵入する熱量 q_w を時刻別（10、12、14、16 時）に求めなさい。ただし、室温 26℃とする。

【ヒント】 まず、表 1 から壁タイプを選び、表 2 により、10、12、14、16 時の時間帯ごとに Δt_e を求め、それぞれの値を 6-4-2 式に代入します。（解答は 173 ページ）

なお、表 2 の基準室温は 26℃です。設計室温が異なる場合には、表の値に（26 －設計室温）を加えます。

壁を通って室内に侵入する熱を求める

外壁からの侵入熱量を求めるためのデータ

表1　壁タイプ選定表

壁体構成	断熱なし 普通コンクリート 単層壁 d (mm)	断熱なし 気泡コンクリート板 単層壁 d (mm)	内断熱(外断熱) 普通コンクリート 複層壁 外／内 (外)／(内) 普通コンクリート スチレン発泡板 石こう板または同等品 (外断熱の場合に対応) d(mm) l(mm) 12mm			内断熱(外断熱) 普通コンクリート 複層壁 外／内 (外)／(内) 普通コンクリート スチレン発泡板 空気層 石こう板 岩綿吸音板 d(mm) l(mm) 半密閉 9mm 12mm			断熱あり 金属板 複層壁 鋼板 1.5mm 吹付け岩綿 l(mm)	断熱あり 金属板 複層壁 アルミ板 3.0mm 空気層 半密閉 吹付け岩綿 l(mm) 石こう板 12mm
壁タイプ			$l=25$	$l=50$	$l=100$	$l=0$	$l=25$	$l=50$		
I	$d=0\sim5\sim30$	$d=0\sim30$	—	—	—	—	—	—	$l=0\sim30$	$l=0\sim20$
II	$d=30\sim100$ ~140	$d=30\sim130$	$d=0\sim100$ (0〜70)	$d=0\sim90$ (0〜60)	$d=0\sim80$ (0〜50)	$d=0\sim$ 100	$d=0\sim90$ (0〜20)	$d=0\sim80$ (0〜20)	$l=30\sim60$	$l=20\sim50$
III	$d=140\sim190$ ~230	$d=130\sim210$	$d=100$ ~190 (70〜140)	$d=90$ ~180 (60〜140)	$d=80$ ~170 (50〜130)	$d=100\sim$ 200	$d=$ 90〜190 (20〜100)	$d=$ 80〜180 (20〜80)	$l=60\sim90$	$l=50\sim80$
IV	$d=230\sim320\sim$	$d=210\sim$	$d=190\sim$ (140〜)	$d=180\sim$ (140〜)	$d=170\sim$ (130〜)	$d=200\sim$	$d=190\sim$ (100〜)	$d=180\sim$ (80〜)	$l=90\sim$	$l=80\sim$

（『空気調和・衛生工学便覧』第14版 第1巻、空気調和・衛生工学会編・発行）

表2　東京における実効温度差（夏期冷房用）

〔K〕

壁タイプ	時刻	日影	水平	北	北東	東	南東	南	南西	西	北西
タイプ I	10	6	32	7	11	18	19	13	7	7	7
	12	7	36	9	9	9	13	16	15	10	9
	14	7	32	9	9	9	9	14	22	22	15
	16	6	22	9	8	8	8	8	21	27	22
タイプ II	10	3	19	5	14	19	16	6	5	5	5
	12	5	29	7	11	16	16	11	8	7	7
	14	7	33	8	10	12	13	14	14	12	9
	16	7	30	9	9	10	10	12	19	20	15
タイプ III	10	2	10	4	9	11	9	4	4	4	4
	12	3	17	5	10	13	12	6	5	5	5
	14	4	22	6	10	13	12	9	8	7	6
	16	5	25	7	9	12	11	10	12	12	9
タイプ IV	10	3	10	4	9	8	7	4	6	6	5
	12	3	12	5	7	9	8	5	6	6	5
	14	4	15	5	8	10	9	6	6	6	6
	16	4	17	5	8	10	9	7	8	8	6

〔注〕 1）日影とは、直達および天空日射量がともに0の場合を指す。
　　　 2）設計室温が26℃と異なる場合、表の値に（26−設計室温〔℃〕）を加える。

（『空気調和・衛生工学便覧』第14版 第1巻、空気調和・衛生工学会編・発行 より抜粋）

※表中の ▧ の数値等は、例題を解く際に用いる。

POINT
コンクリートの厚さを表1から選び、壁タイプを決め、Δt_e の値を得る。例題の場合、内断熱、普通コンクリートの複層壁で、$l=25$、$d=130$ のため、壁タイプ III とする。

5 熱貫流率計算実例

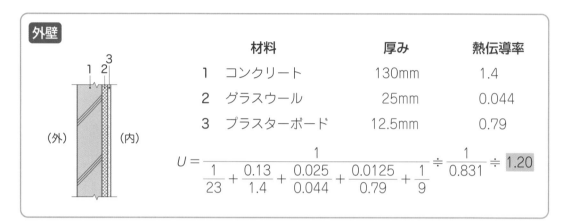

外壁

	材料	厚み	熱伝導率
1	コンクリート	130mm	1.4
2	グラスウール	25mm	0.044
3	プラスターボード	12.5mm	0.79

$$U = \frac{1}{\frac{1}{23} + \frac{0.13}{1.4} + \frac{0.025}{0.044} + \frac{0.0125}{0.79} + \frac{1}{9}} \fallingdotseq \frac{1}{0.831} \fallingdotseq \boxed{1.20}$$

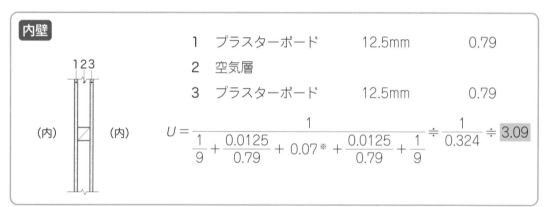

内壁

	材料	厚み	熱伝導率
1	プラスターボード	12.5mm	0.79
2	空気層		
3	プラスターボード	12.5mm	0.79

$$U = \frac{1}{\frac{1}{9} + \frac{0.0125}{0.79} + 0.07^※ + \frac{0.0125}{0.79} + \frac{1}{9}} \fallingdotseq \frac{1}{0.324} \fallingdotseq \boxed{3.09}$$

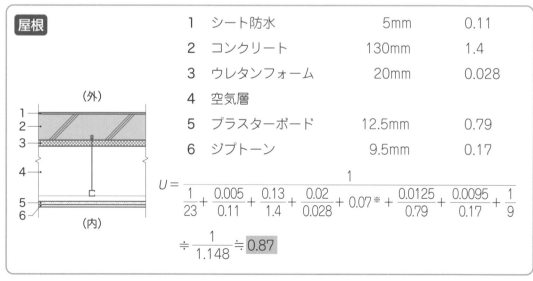

屋根

	材料	厚み	熱伝導率
1	シート防水	5mm	0.11
2	コンクリート	130mm	1.4
3	ウレタンフォーム	20mm	0.028
4	空気層		
5	プラスターボード	12.5mm	0.79
6	ジプトーン	9.5mm	0.17

$$U = \frac{1}{\frac{1}{23} + \frac{0.005}{0.11} + \frac{0.13}{1.4} + \frac{0.02}{0.028} + 0.07^※ + \frac{0.0125}{0.79} + \frac{0.0095}{0.17} + \frac{1}{9}}$$

$$\fallingdotseq \frac{1}{1.148} \fallingdotseq \boxed{0.87}$$

※非密閉中空層の熱抵抗は 0.07 〔m² · K/W〕

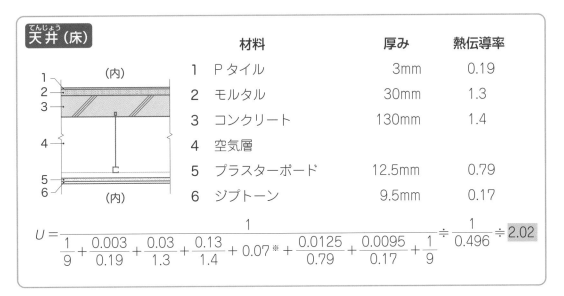

天井(床)

	材料	厚み	熱伝導率
1	P タイル	3mm	0.19
2	モルタル	30mm	1.3
3	コンクリート	130mm	1.4
4	空気層		
5	プラスターボード	12.5mm	0.79
6	ジプトーン	9.5mm	0.17

(内)

$$U = \cfrac{1}{\cfrac{1}{9} + \cfrac{0.003}{0.19} + \cfrac{0.03}{1.3} + \cfrac{0.13}{1.4} + 0.07^※ + \cfrac{0.0125}{0.79} + \cfrac{0.0095}{0.17} + \cfrac{1}{9}} \div \cfrac{1}{0.496} \fallingdotseq 2.02$$

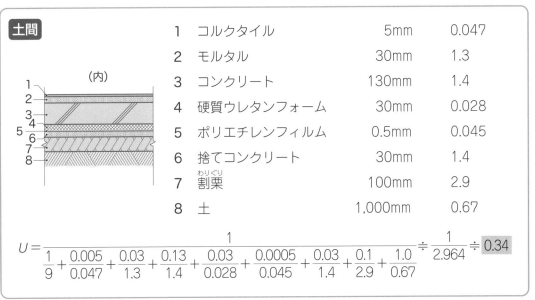

土間

	材料	厚み	熱伝導率
1	コルクタイル	5mm	0.047
2	モルタル	30mm	1.3
3	コンクリート	130mm	1.4
4	硬質ウレタンフォーム	30mm	0.028
5	ポリエチレンフィルム	0.5mm	0.045
6	捨てコンクリート	30mm	1.4
7	割栗	100mm	2.9
8	土	1,000mm	0.67

(内)

$$U = \cfrac{1}{\cfrac{1}{9} + \cfrac{0.005}{0.047} + \cfrac{0.03}{1.3} + \cfrac{0.13}{1.4} + \cfrac{0.03}{0.028} + \cfrac{0.0005}{0.045} + \cfrac{0.03}{1.4} + \cfrac{0.1}{2.9} + \cfrac{1.0}{0.67}} \div \cfrac{1}{2.964} \fallingdotseq 0.34$$

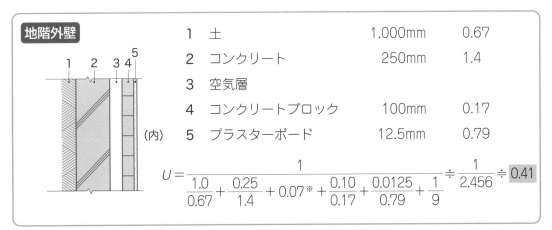

地階外壁

	材料	厚み	熱伝導率
1	土	1,000mm	0.67
2	コンクリート	250mm	1.4
3	空気層		
4	コンクリートブロック	100mm	0.17
5	プラスターボード	12.5mm	0.79

(内)

$$U = \cfrac{1}{\cfrac{1.0}{0.67} + \cfrac{0.25}{1.4} + 0.07^※ + \cfrac{0.10}{0.17} + \cfrac{0.0125}{0.79} + \cfrac{1}{9}} \div \cfrac{1}{2.456} \fallingdotseq 0.41$$

6 窓ガラス面の侵入熱量

窓ガラス面から侵入してくる熱量の求め方 ▶▶ 窓ガラスからの侵入熱量

　窓ガラス面から侵入する熱量には、ガラスを**透過**する日射による侵入熱量と、ガラスの内表面からの**対流**、および**伝導**による侵入熱量があり、熱量の算出はこれらの組み合わせにより行ないます。特に、近年の建築は日照を求め窓が大きくなってきており、そのため、侵入熱量が大きく、熱負荷が増大してしまいます。そこで、**複層ガラス**（ペアガラス）や**Low-E ガラス**（Low Emissivity Glass：低放射ガラス）など熱を遮断するガラスをよく使うようになってきています。複層ガラスとは、普通のガラスを2枚使ってその間に空気層を作ったもので、単層の透明ガラスよりは断熱性が高いガラスです。Low-E ガラスとは、板ガラス表面に特殊な金属膜をコーティングしたガラスで、複層ガラスよりさらに断熱性が高いガラスです。太陽の光は、赤外線、可視光線、紫外線から成っていますが、Low-E ガラスは可視光線を取り入れ、有害な紫外線をシャットアウトし赤外線を反射します。

　窓ガラス面からの侵入熱量は以下の式から算出します。

$$q_G = q_{GR} + q_{GC} \qquad\qquad (6\text{-}6\text{-}1)$$

$$q_{GR} = I_{GR} k_s A \quad (6\text{-}6\text{-}2) \qquad q_{GC} = I_{GC} A \quad (6\text{-}6\text{-}3) \qquad I_{GC} = U \Delta t_e \quad (6\text{-}6\text{-}4)$$

ただし、q_G：窓ガラス面からの侵入熱量（取得熱量）〔W〕、q_{GR}：ガラスを透過する日射による侵入熱量〔W〕、q_{GC}：ガラスの内表面からの対流および伝導による侵入熱量〔W〕、I_{GR}：ガラス面からの日射熱量〔W/m²〕（表1参照）、I_{GC}：ガラス面からの対流および伝導による侵入熱量〔W/m²〕、k_s：遮蔽係数（表2参照）、A：窓ガラスの面積〔m²〕、U：熱貫流率〔W/（m²·K）〕、Δt_e：室内外の温度差〔K〕

例題

① 南面にある単層透明ガラス6mm厚の窓ガラス 100m² において、日射による侵入熱量 q_{GR} を時間別（10、12、14、16時）に求めなさい。

【ヒント】　窓ガラスは 100m² ですが、実際のサッシ詳細寸法が不明の場合、0.85 を掛けた値とします。遮蔽係数は、表2の中間色の値とします。日射熱量が 100〔W/m²〕以下の場合は、遮蔽係数は掛けません（ブラインドはしないものとする）。表1を使って、6-6-2式で 10、12、14、16 時の時間帯ごとの侵入熱量を算出します。

② 南面にある単層透明ガラス6mm厚の窓ガラス 100m² において、対流および伝導による侵入熱量 q_{GC} を求めなさい。ただし、室外温度 32.6℃、室内温度 26℃とする。

【ヒント】　6-6-3式で算出してください。（解答は173ページ）

大きな窓からの侵入熱に注意

窓ガラスからの熱取得

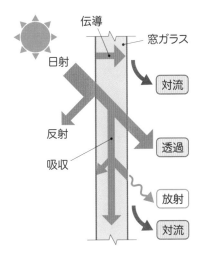

日射の透過、吸収後の放射、ガラスの内表面からの対流により熱が侵入する。

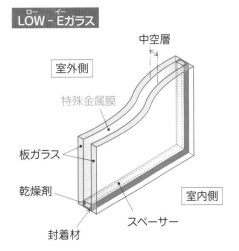

日射による熱をカットするガラスが多く使われるようになっている。

表1　ガラス窓標準日射熱取得（透明ガラスおよび熱線吸収ガラス用）

東京　夏期（7月23日）の値　（W/m²）

方位 時刻	水平	日影	北	北東	東	南東	南	南西	西	北西
10	765	43	43	92	319	341	131	43	43	43
12	843	43	43	43	43	93	180	147	50	43
14	723	43	43	43	43	43	108	377	400	152
16	419	36	38	36	36	36	36	402	609	441

（『空気調和・衛生工学便覧』第14版第1巻、空気調和・衛生工学会編・発行　より抜粋）

表2　各種ガラスの遮蔽係数と熱貫流率

ガラスの種別		厚さ （mm）	遮蔽係数			熱貫流率 〔W/（m²·K）〕
			無色	明色	中間色	
単層 ガラス	透明 ガラス	3	1.00	0.54	0.66	6.47
		6	0.96	0.53	0.63	6.29
		8	0.93	0.52	0.62	6.19
		12	0.89	0.50	0.59	5.97
	熱線吸収 ガラス	3	0.93	0.52	0.61	6.47
		6	0.83	0.48	0.55	6.29
		8	0.77	0.46	0.52	6.19
		12	0.68	0.41	0.45	5.97
複層 ガラス	透明ガラス ＋ 透明ガラス	3＋3	0.89	0.54	0.63	3.50
		6＋6	0.83	0.52	0.59	3.40
		8＋8	0.79	0.50	0.57	3.34
	熱線吸収ガラス ＋ 透明ガラス	3＋3	0.81	0.48	0.56	3.50
		6＋6	0.69	0.43	0.49	3.40
		8＋8	0.62	0.39	0.44	3.34

（『空気調和ハンドブック』　改訂5版、井上宇市編、丸善　より抜粋）

POINT

計算する際、日が当たる時間においては、ブラインドなどで遮蔽（日よけ）するので、ガラス面からの日射量に遮蔽係数を掛ける。日が当たらない時間帯にはブラインドはしないと考え、遮蔽係数は掛けない。その際、日射熱量が100W/m²以下の場合、遮蔽係数は1.0とする。

※表中の ▨ の数値等は、例題を解く際に用いる。

7 負荷計算例題

事務所ビルにおける例題 ▶▶ 負荷計算

下記における事務所ビル（貸ビル）の最上階事務室の負荷を求めます。

条件は、東京、夏期室内温度：26℃、湿度：50%、冬期室内温度：22℃、湿度：50%、床面積：622m² とします。

建物各部分の熱貫流率は 152、153 ページの熱貫流率計算実例に基きます。ただし、照明は LED とし、隙間風はないものとします。

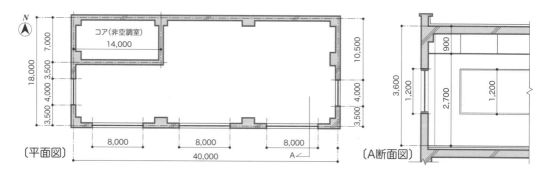

（平面図）　（A断面図）

❶夏期・冬期外気条件

まずは、145 ページ表2より冷房設計用の乾球温度（8〜17時）、東京から 32.6℃を選びます。露点温度は 24.9℃です。空気線図を見て、乾球温度と露点温度から相対湿度 63% となります。また、暖房設計用の乾球温度（8〜17時）、東京から 0.6℃を選びます。露点温度は− 12.2℃です。相対湿度約 33%となります（この点は 27 ページの空気線図では求めることができないので、172 ページの低温用の空気線図を見て求める）。

❷夏期・冬期室内条件

ここでは、室内条件は、夏期：乾球温度 26.0℃、相対湿度 50%、冬期：乾球温度 22.0℃、相対湿度 50%とします。よって、空気線図より右表のような温湿度の設計条件となります。

概算を計算したい場合 ▶▶ 一般的な安全数値は

建築家が基本計画を行なうにあたって、機器の設置面積、機器の重量などや、概算予算を知りたい場合に、概略の冷房能力と暖房能力を出し検討する場合があります。その場合、地域、時間帯、方位、建築用途、構造物、階数、人数、新鮮空気の量などによって異なりますが、一般的な安全数値として、冷房・暖房能力とも、中間階 100 〜 200W/m² 程度、最上階 150 〜 250W/m² 程度で計算しておけば、問題ないと思われます。床面積が 622m² であったら、622 × 200 = 124,400 Wで計画するとよいでしょう。

事務所の空調負荷を計算する

例題を解いてみよう

外気の諸条件を空気線図に落としこみ、温湿度の設計条件を求める。

夏期

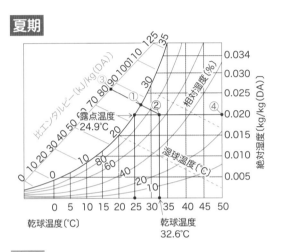

① 湿球温度　　　　　26.8℃

② 相対湿度　　　　　63%

③ 比エンタルピー　　84.0kJ/kg(DA)

④ 絶対湿度　　　　　0.020kg/kg(DA)

冬期

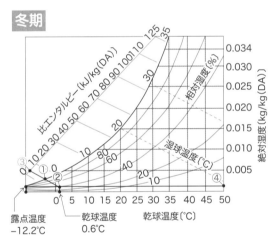

① 湿球温度　　　　　−3.5℃

② 相対湿度　　　　　33%

③ 比エンタルピー　　3.0kJ/kg(DA)

④ 絶対湿度　　　　　0.0013kg/kg(DA)

 POINT

左ページの図のコアとは、共用施設(エレベーター、階段、便所など)をまとめた部分をいう。

同様に、室内条件を空気線図によって求める。まとめると表のようになる。

		乾球温度〔℃〕	湿球温度〔℃〕	相対湿度〔%〕	比エンタルピー〔kJ/kg (DA)〕	絶対湿度〔kg/kg (DA)〕
室外	夏	32.6	26.8	63	84.0	0.020
	冬	0.6	−3.5	33	3.0	0.0013
室内	夏	26.0	18.6	50	53.0	0.0108
	冬	22.0	15.4	50	43.0	0.0082

あとは、次項の負荷計算用紙に則（のっと）って代入していく。

8 負荷計算表

空調負荷を計算するために必要な計算表 ▶▶ 冷暖房負荷計算表

　空調負荷を求めるには、これまでの項で説明した事項を次の負荷計算用紙に代入し計算します。実際には、使用する負荷計算用紙は各企業（会社）によって異なります。また、現在は各企業とも数値だけ代入し自動的に計算するようにコンピュータ化されていますが、ここでは、学習のためにこの負荷計算用紙を用いて計算していきます。

負荷計算用紙への書き込み方 ▶▶ 冷房負荷計算の注意点

構造体からの負荷（顕熱）

① 壁体の欄に外壁、窓ガラス、内壁、天井、床、屋根、土間等を書き込みます。ただし、貸ビルのように部屋により営業時間が違う場合や、各室が個別空調としている場合は、空調しない部屋が出てきます。そのような場所は、上記の項目を計算しますが、自社ビルのように一括空調（熱源が1つなど）の場合は全館空調し、特に上下階（天井、床）の温度は移動しないので、計算しないことが多いでしょう。

② それぞれの面積は、平面図と断面図を見て求めます。

・床面積は、平面図で立て横の通り芯（壁と壁の中心 ――・――）から求めます。

・外壁面積は、平面図と断面図の階高（上階の床上から下階の床上）から求めます。ただし、窓がある場合は差引きます。

・窓面積（窓ガラス）は、平面図と断面図から求めます。一般的に窓枠も含めて計算しています。

・天井、床、屋根、土間の面積は、床面積と同じ方法で求めます。

・内壁面積の高さは天井高とし、扉があっても無視します。

③ 熱貫流率は、150ページ（壁体等）、154ページ（窓ガラス）を参照してください。

④ 相当温度差（実効温度差）Δt は、151ページ表2から求めます。ただし、窓ガラスの Δt は、温度の変動と時間の遅れがないものとし、6.6℃（外気温度32.6℃－室内温度26℃＝6.6℃）を入れます。なお、非空調室の Δt は、144ページから求め 0.4×（32.6－26）＝2.64℃となります。

⑤ 日射熱量と遮蔽係数については、155ページ表1・2およびPOINTを参照してください。

室内からの負荷（顕熱・潜熱）

　隙間風については、148ページを参照してください。ここでは、ないものとします。

　最後に、小計①②③を合計すると全負荷になります。その全負荷が一番高い時間における負荷をもって、機器を求めていきます。

負荷計算表を使ってみよう

冷房負荷計算　　室名　事務室　　　　　　　床面積　622m²

①構造体からの負荷(顕熱)

壁体	方位	幅 m	高さ m	面積 m²	熱貫流率 W/(m²·K)	10時 Δt	10時 W	12時 Δt	12時 W	14時 Δt	14時 W	16時 Δt	16時 W
窓ガラス	S	24.0	1.2	28.8	6.47	6.6	1,230	6.6	1,230	6.6	1,230	6.6	1,230
外壁	S	(40×3.6)−28.8=		115.2	1.20	4.0	558	6.0	836	9.0	1,255	10.0	1,394
窓ガラス	W	4.0	1.2	4.8	6.47	6.6	205	6.6	205	6.6	205	6.6	205
外壁	W	(11×3.6)−4.8=		34.8	1.20	4.0	168	5.0	211	7.0	295	12.0	505
窓ガラス	N	-	-	-	-	-	0	-	0	-	0	-	0
外壁	N	26.0	3.6	93.6	1.20	4.0	453	5.0	566	6.0	680	7.0	793
窓ガラス	E	4.0	1.2	4.8	6.47	6.6	205	6.6	205	6.6	205	6.6	205
外壁	E	(18×3.6)−4.8=		60.0	1.20	11.0	799	13.0	944	13.0	944	12.0	871
床	-	(40×18)−(14×7)=		622.0	2.02	2.64	3,317	2.64	3,317	2.64	3,317	2.64	3,317
屋根	-	-	-	622.0	0.87	10.0	5,411	17.0	9,199	22.0	11,905	25.0	13,529
間仕切壁	-	21.0	2.7	56.7	3.09	2.63	463	2.64	463	2.64	463	2.64	463

日射	方位	幅	高さ	面積	遮蔽係数	日射量	-	日射量	-	日射量	-	日射量	-
窓ガラス	S	24.0	1.2	28.8	0.66	131	2,490	180	3,421	108	2,053	36	1,037
〃	W	4.0	1.2	4.8	0.66	43	206	50	240	400	1,267	609	1,929
〃	N	-	-	-	-	-	0	-	0	-	0	-	0
〃	E	4.0	1.2	4.8	0.66	316	1,011	43	206	43	206	36	173
小計①							16,516		21,043		24,025		25,651

②室内からの負荷(顕熱)						W	③室内からの負荷(潜熱)				W
人体	m² 622	× 0.2	人 125	W/人 55		6,875	人 125	×	W/人 64		8,000
隙間風	0.33	×	m³/h	×	K	-	830	×	m³/h	× kg/kg(DA)	
蛍光灯	1.5	×	m²	×	W/m²	-					
LED	2.5	× 622	m²	×	W/m² 12	18,660					
その他											
小計②						25,535	小計③				8,000

④室内顕熱負荷合計(①+②)	10時	12時	14時	16時
	42,051	46,578	49,560	51,186
⑤全負荷(①+②+③)	50,051	54,578	57,560	59,186
単位面積当たりの負荷(W/m²)				95

暖房負荷計算

壁体	方位	方位係数	幅×高さ m	幅×高さ m	面積 m²	熱貫流率 W/(m²·K)	温度差 Δt	W
窓ガラス	S	1.00	-	-	28.8	6.47	21.4	3,988
外壁	S	1.00	-	-	115.2	1.20	21.4	2,958
窓ガラス	W	1.05	-	-	4.8	6.47	21.4	698
外壁	W	1.05	-	-	34.8	1.20	21.4	938
窓ガラス	N	1.10	-	-	0.0	-	21.4	0
外壁	N	1.10	-	-	93.6	1.20	21.4	2,644
窓ガラス	E	1.05	-	-	4.8	6.47	21.4	698
外壁	E	1.05	-	-	60.0	1.20	21.4	1,618
床	-	-	-	-	622.0	2.02	5.35	6,722
屋根	-	1.10	-	-	622.0	0.87	21.4	12,738
間仕切壁	-	-	-	-	56.7	3.09	5.35	937
全負荷								33,939
単位面積当たりの負荷(W/m²)								55

9 冷房能力・暖房能力①

顕熱比・送風量を求める ▶▶ 空調機を決めるための過程①

　湿り空気線図を理解していないと空調機が決定できません。しっかり理解してください。それでは、冷房能力・暖房能力を求めるのに必要な項目を順を追って説明します。

❶顕熱比（けんねつひ）の求め方

　顕熱比（Sensible Heat Factor）とは、室内全熱負荷（顕熱量＋潜熱量（せんねつりょう））に対する室内顕熱負荷（顕熱量）の割合を示したものです。式にすると次のようになります。

$$SHF = \frac{q_s}{q_s + q_l} \qquad (6\text{-}9\text{-}1)$$

　ただし、SHF：顕熱比、q_s：顕熱量〔W〕、q_l：潜熱量〔W〕

❷送風量の求め方

　空調機内の送風機の送風量を求める式は、次のようになります。

$$Q = \frac{q_{smax}}{0.33\Delta t} \qquad (6\text{-}9\text{-}2)$$

　ただし、Q：送風量〔m³/h〕、q_{smax}：最大顕熱〔W〕、Δt：$(t_r - t_d)$、t_r：室内空気温度、t_d：コイル出口空気温度〔冬期の場合 $(t_d - t_r)$〕、0.33：空気の密度 ρ（≒ 1.2〔kg/m³〕）、空気の定圧比熱 C_p（=1,006〔J/（kg・K）〕より、1.2 × 1,006/3,600 ≒ 0.33〔J・h/（m³・K・s）〕

例題

① 顕熱量 51,186 W、潜熱量 8,000 Wのときの顕熱比を求めなさい。

【ヒント】　6-9-1 式で算出してください。

② 夏期室内乾球温度 26.0℃、相対湿度 50％、屋外乾球温度 32.6℃、相対湿度 63％、冬期室内乾球温度 22.0℃、相対湿度 50％、屋外乾球温度 0.6℃、相対湿度 33％の条件下で、156 ページの負荷計算における送風量を求めなさい。

【ヒント】　まず、空気線図に条件を代入して 6-9-2 式で算出してください。

（解答は 173 ページ）

　注意点！　Δt は、一般的に 10℃前後とします（右図 2 を参照）。空調機によりそれぞれ違いますが、コイル出口空気はエアハンドリングユニットの場合、相対湿度 95 〜 90％程度、パッケージ型ユニットの場合 90 〜 85％程度といわれています。t_d は、その範囲に入った点で決めればよいでしょう。なお、コイル出口空気温度は、室温（26℃）から絶対湿度線上左に線を引き、露点温度（ろてん）ⓐより右側にしないと、吹出口に結露（けつろ）が生じます。

空気の変化を空気線図に表す

空気線図の描き方

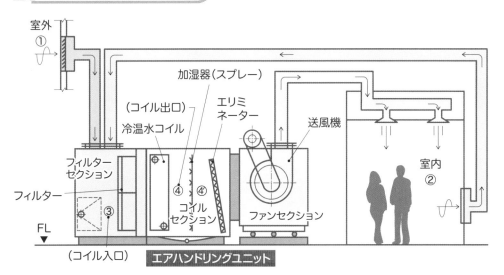

【図1】

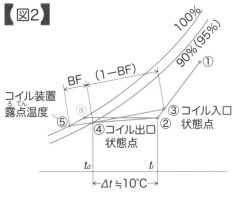

空気線図各ポイントの数字は、上の空調システム系統図の数字における空気の状態を指す。

冷房時
①室外の新鮮空気と、②室内の空気がユニットに送られ③、混合された空気が冷（温）水コイルで冷却され、④より室内の状態②になる。室内の状態になるには、*SHF*線上に平行移動する。

暖房時
①〜③は冷房と同様で、③から④まで加熱、④から④まで加湿され、その後、絶対湿度線上で②に移行する。

【図2】

t_d（コイルの出口空気温度）は、相対湿度95〜90%で、室内空気温度より10℃前後下がった点にする。ただしⓐより右側にする。

【図3】

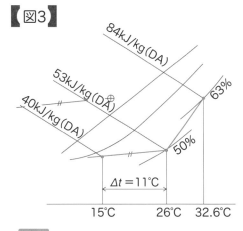

例題 ② の夏期の空気線図はこのようになる。

161

10 冷房能力・暖房能力②

新鮮空気比・混合比エンタルピーを求める ▶▶ 空調機を決めるための過程②

❶新鮮空気比の求め方

新鮮空気比とは、送風量に対する新鮮空気の割合を示したものです。式にすると次のようになります。

$$k = \frac{Q_F}{Q} \qquad (6\text{-}10\text{-}1)$$

ただし、k：新鮮空気比、Q：送風量〔m^3/h〕、Q_F：新鮮空気量〔m^3/h〕

新鮮空気の量は、1人当たり20m^3/h以上と、建築基準法施行令第20条の2で定められています。ただし、あまり新鮮空気が多いと、空調機器が大きくなり、省エネルギー化に反することになります。そこで、新鮮空気を導入する場合、全熱交換器を使用することが多くなってきています。

❷混合比エンタルピーの求め方（外気と室内空気の混合点）

混合比エンタルピーは、新鮮空気が室内にどの位入ってくるかを示すポイントで、右空気線図のミックスポイントの点（混合点）③をいい、コイル入口の点を示します。

$$h_m = kh_o + (1 - k) h_r \qquad (6\text{-}10\text{-}2)$$

ただし、h_m：混合比エンタルピー〔kJ/kg（DA）〕、h_o：室外の比エンタルピー〔kJ/kg（DA）〕、h_r：室内の比エンタルピー〔kJ/kg（DA）〕

【例　題】

① 622m^2の事務室における新鮮空気比を求めなさい。ただし、送風量は14,000m^3/hとし、1人当たりの新鮮空気量は20m^3/hとする。

【ヒント】　147ページ表2より、この事務室には622m^2 × 0.2 = 125人収容できるものとします。それぞれの値を6-10-1式に代入して求めます。

② ①の事務所において、夏期室内乾球温度26.0℃、相対湿度50％、屋外乾球温度32.6℃、相対湿度63％、冬期室内乾球温度22.0℃、相対湿度50％、屋外乾球温度0.6℃、相対湿度33％の条件下で、送風量14,000m^3/h、新鮮空気量2,500m^3/hのときの混合比エンタルピーを求めなさい。

【ヒント】　①で求められたkの値を混合比エンタルピーの算定式（6-10-2）に当てはめ、夏期と冬期それぞれの条件下で計算します。（解答は173ページ）

新鮮な空気がどの位使われるか

新鮮空気比とは

新鮮空気（外気）と室内からの還気が混合されて調和され、室内に送風される。この送風量の中で新鮮空気の占める割合を新鮮空気比という。

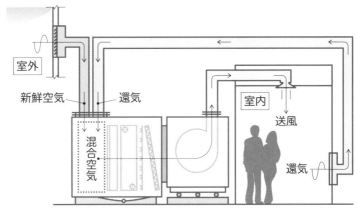

室外

新鮮空気　還気

室内

送風

混合空気

還気

エアハンドリングユニット

混合比エンタルピーとは

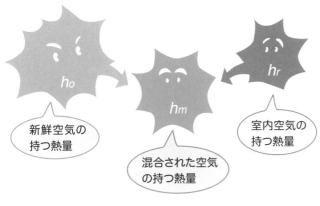

h_o

h_m

h_r

新鮮空気の持つ熱量

混合された空気の持つ熱量

室内空気の持つ熱量

空調機の冷温水コイル入口で、新鮮空気と室内空気が混合された空気の持つ熱量を混合比エンタルピーという。

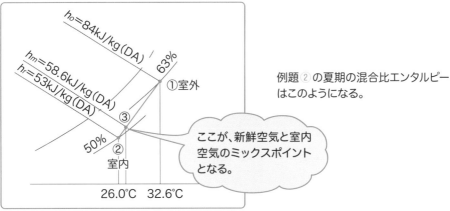

$h_o=84kJ/kg(DA)$

$h_m=58.6kJ/kg(DA)$

$h_r=53kJ/kg(DA)$

63%

①室外

③

50%

②

室内

26.0℃　32.6℃

ここが、新鮮空気と室内空気のミックスポイントとなる。

例題②の夏期の混合比エンタルピーはこのようになる。

第6章　空気調和設備の設計

163

11 冷房能力・暖房能力③

吹出温度を求める ▶▶ 空調機を決めるための過程③

❶冷房時における吹出温度の求め方

吹出温度とは、冷却、加熱コイルで冷却、加熱された空気の温度のことで、冷房時における吹出温度は、右図1のコイル出口空気温度（乾球温度）④を示します。厳密にいうと送風機の出口での温度をいいます。送風機から吹出口まで空気が移動する際に若干温度が変化しますが、その変化はここでは考えないこととします。また、送風機の発熱により多少は吹出温度が変わりますが、一般的に右図のように線を描きます。

$$t_d = t_r - \frac{q_s}{0.33Q} \tag{6-11-1}$$

ただし、t_d：冷房時における吹出温度〔℃〕、t_r：冷房時の室内温度〔℃〕、q_s：顕熱量〔W〕、Q：送風量〔m³/h〕、0.33：空気の密度 ρ（≒ 1.2〔kg/m³〕）

❷暖房時における吹出温度の求め方

暖房時における吹出温度は、加湿器（加湿状態）により異なります。右図2のコイル出口空気温度④ではなく④をいいます。

$$t_d' = t_r' + \frac{q_s'}{0.33Q} \tag{6-11-2}$$

ただし、t_d'：暖房時における吹出温度〔℃〕、t_r'：暖房時の室内温度〔℃〕、q_s'：損失熱量〔W〕、Q：送風量〔m³/h〕、0.33：空気の密度 ρ（≒ 1.2〔kg/m³〕）

なお、加湿器には、水加湿（水スプレー・超音波加湿器）、温水加湿（温水スプレー）、蒸気加湿（パン型加湿器・蒸気発生器）などがあります。

例 題

夏期室内乾球温度 26.0℃、相対湿度 50％、屋外乾球温度 32.6℃、相対湿度 63％、冬期室内乾球温度 22.0℃、相対湿度 50％、屋外乾球温度 0.6℃、相対湿度 33％の条件下で、顕熱量 51,186 W、損失熱量 33,939 W、送風量 14,000m³/h における冷房時・暖房時の吹出温度を求めなさい。ただし、暖房時の加湿は、水加湿とする。

【ヒント】 それぞれ、6-11-1 式、6-11-2 式で算出してください。（解答は173ページ）

注意点！ エアハンドリングユニット内の送風機（定風量）は、冷房時も暖房時も同じ風量です。

コイル通過後の空気の温度は

吹出温度を求める

【冷房時の吹出温度】

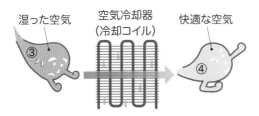

湿った空気 ③　　空気冷却器（冷却コイル）　　快適な空気 ④

冷房時は、湿った温かい外気と室内空気との混合空気が冷却コイルを通過し、冷却・減湿され吹き出される。

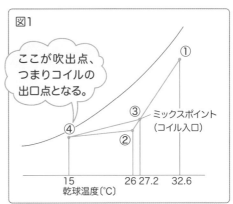

図1

ここが吹出点、つまりコイルの出口点となる。

④　③　ミックスポイント（コイル入口）　②　①

15　26 27.2　32.6
乾球温度（℃）

【暖房時の吹出温度】

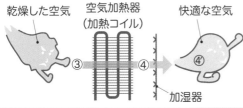

乾燥した空気 ③　　空気加熱器（加熱コイル）　　快適な空気 ④
④　加湿器

暖房時は、乾燥した冷たい外気と室内空気との混合空気が加熱コイルで温められ、加湿器により適度に加湿され吹き出される。

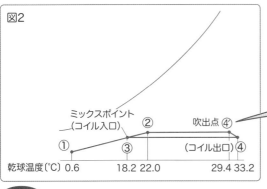

図2

ミックスポイント（コイル入口）①　　②　吹出点 ④
③　（コイル出口）④

暖房の場合は、コイル出口点ではなく、加湿器を通過した所での温度が吹出点となる。

乾球温度（℃）0.6　18.2 22.0　29.4 33.2

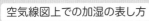

POINT

空気線図上での加湿の表し方

加湿は、方式によって効率が異なる。水加湿は、湿球温度線上に変化する。温水加湿は、水加湿より多少右上に変化し、蒸気加湿は熱水分比$u=2,500+1.8t_s$により算出する。たとえば、$t_s=100℃$の蒸気は$u≒2,680$となり図のように加湿する。

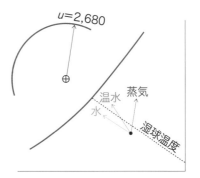

$u=2,680$

温水　蒸気
水　　湿球温度

12 冷房能力・暖房能力④

空調機を決める ▶▶ 空調機を決めるための過程④

154 ～ 159 ページで求めた項目により、冷房・暖房能力を決定します。

冷房能力 右図1より冷房能力は、混合比エンタルピーがコイルの入口点であり、コイル出口比エンタルピーがコイルの出口点であるため、この間が冷房能力となります。

$$G\Delta h = 1.2Q\,(h_m - h_d) \times \frac{1,000}{3,600} \tag{6-12-1}$$

暖房能力 上記冷房能力の式の右辺の（$h_m - h_d$）を（$h_d{'} - h_m{'}$）に置き換えて得た値 $G\Delta h{'}$ を暖房能力とします。

$$G\Delta h{'} = 1.2Q\,(h_d{'} - h_m{'}) \times \frac{1,000}{3,600} \tag{6-12-2}$$

ただし、$G\Delta h$：冷房能力〔W〕、$G\Delta h{'}$：暖房能力〔W〕、Q：送風量〔m³/h〕、h_m：混合比エンタルピー〔kJ/kg（DA）〕、h_d：コイル出口比エンタルピー〔kJ/kg（DA）〕、1.2：空気の密度〔kg/m³〕

例 題

冷房時の混合比エンタルピー 58.6kJ/kg（DA）、コイル出口比エンタルピー 40.0kJ/kg（DA）、暖房時の混合比エンタルピー 35.8kJ/kg（DA）、コイル出口比エンタルピー 51.0kJ/kg（DA）における、冷房能力と暖房能力を求めなさい。ただし、送風量は 14,000m³/h とする。

【ヒント】 それぞれ、6-12-1 式、6-12-2 式で算出してください。（解答は 173 ページ）

パッケージ型ユニットの計算方法 ▶▶ 空気・外気の負荷の合計

上記は、エアハンドリングユニットを決めるときの一般的計算方法ですが、パッケージ型ユニットを決めるときは一般的に、室内負荷（負荷計算における全負荷）と外気負荷を足したものを冷房・暖房能力とします。

（室内負荷）＝ 59,186〔W〕

$$（外気負荷）＝ 1.2Q\,(h_m - h_i) \times \frac{1,000}{3,600} = 1.2 \times 14,000(58.6 - 53.0) \times \frac{1,000}{3,600} ≒ 26,133〔W〕$$

ただし、h_i：室内の比エンタルピー〔kJ/kg（DA）〕

合計 59,186 ＋ 26,133 ＝ 85,319〔W〕≒ 86,000〔W〕

空調機の冷房・暖房能力を決定する

必要な冷房・暖房能力は

冷房能力

図1

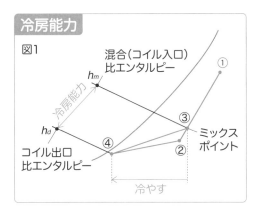

混合（コイル入口）
比エンタルピー
h_m

①

冷房能力

h_d

コイル出口
比エンタルピー

④

③

②

ミックス
ポイント

冷やす

暖房能力

図2

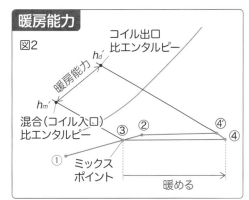

コイル出口
比エンタルピー
h_d'

暖房能力

h_m'

混合（コイル入口）
比エンタルピー

①

ミックス
ポイント

③ ②

④' ④

暖める

左ページの例題の冷房・暖房能力は以下のようになる。

冷房能力

図3

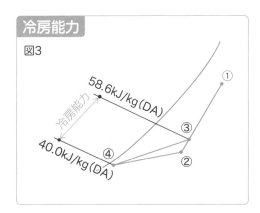

58.6kJ/kg（DA）

①

冷房能力

40.0kJ/kg（DA）

④

③

②

暖房能力

図4

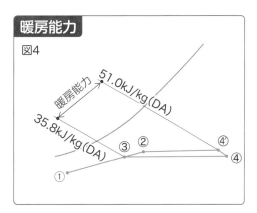

暖房能力

51.0kJ/kg（DA）

35.8kJ/kg（DA）

③ ②

④'

④

①

パッケージ型ユニットの場合

 冷房・暖房能力は、室内負荷＋外気負荷 で計算する。その際、外気負荷の Q（送風量）を Q_F（新鮮空気量）とし、h_m-h_i（混合比エンタルピー－室内の比エンタルピー）を h_o-h_i（室外の比エンタルピー－室内の比エンタルピー）として計算することもできる。

左ページの冷房能力は、新鮮空気量を2,500m³/hとすると、

外気負荷＝1.2×2,500（84.0－53.0）
×$\frac{1,000}{3,600}$≒25,833（W）と計算することができ、

室内負荷59,186＋外気負荷25,833＝85,019≒86,000（W）となる。

なお、156ページで概算を計算したい場合、124,400Wとなったが、実際は86,000W程度でよいということがわかった。

13 熱源機器の決定

熱源機器を決める ▶▶ 冷凍機・冷却塔・ボイラーの決定

熱源機器には、冷水を作る冷凍機、温水を作るボイラーなどがあります。それぞれに必要な負荷・容量を求めます。

❶冷凍機負荷の求め方

$$q_{RM} = q_r f \tag{6-13-1}$$

ただし、q_{RM}：冷凍機負荷〔W〕、q_r：冷房時の全負荷（冷房能力）〔W〕、f：冷水 循 環ポンプ配管による熱取得などの負荷係数、$f = 1 \sim 1.1$（一般的に 1.1）

❷冷却塔容量の求め方

$$q_C = 1.3 q_{RM} \tag{6-13-2}$$

ただし、q_C：冷却塔容量〔W〕、1.3：圧縮式冷凍機の場合 1.3 倍（吸収式冷凍機の場合約 2.5 倍）

❸ボイラー負荷の求め方

ボイラーの出力には、定格出力と常用出力がありますが、ボイラーを決定するには、一般的に定格出力を求めます。

$$常用出力 = (q_A + q_B) k_1 \tag{6-13-3}$$

$$定格出力 = (q_A + q_B) k_1 k_2 \tag{6-13-4}$$

ただし、q_A：暖房時の全負荷（暖房能力）〔W、kJ/h〕、q_B：給湯負荷〔W、kJ/h〕、k_1：配管の熱損失に対する補正係数（1.1 ～ 1.3）、k_2：炊き始め負荷係数（1.2 ～ 1.3）

参考として、オイルサービスタンク容量の求め方を記します。

$$V_o = OHDF \tag{6-13-5}$$

ただし、V_o：オイルタンク容量〔kg〕、O：油消費量〔kg/h〕、H：運転時間〔h/ 日〕（8h/日）、D：貯油日数〔日〕（8 ～ 10 日）、F：1 日間のボイラー稼働率（0.6）

例 題

① 全負荷（冷房能力）87,000 W の冷凍機負荷容量を求めなさい。

② 圧縮式冷凍機負荷 100,000〔W〕のときの冷却塔容量を求めなさい。

③ 暖房時の全負荷 71,000 W、給湯負荷 20,000 W において、ボイラーの常用出力と定格出力を求めなさい。

【ヒント】 ①は 6-13-1 式、②は 6-13-2 式、③は 6-13-3 式、6-13-4 式で算出してください。（解答は 173 ページ）

熱源機器の能力を決定する

熱源機器の負荷を求める

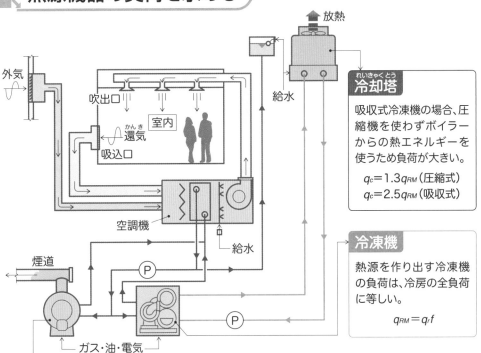

放熱

外気

吹出口

室内

還気

吸込口

給水

空調機

給水

煙道

ⓟ

ガス・油・電気

ⓟ

冷却塔（れいきゃくとう）

吸収式冷凍機の場合、圧縮機を使わずボイラーからの熱エネルギーを使うため負荷が大きい。

$q_c = 1.3 q_{RM}$（圧縮式）
$q_c = 2.5 q_{RM}$（吸収式）

冷凍機

熱源を作り出す冷凍機の負荷は、冷房の全負荷に等しい。

$q_{RM} = q_r f$

ボイラー

ボイラーの出力には常用出力と定格出力とがあるが、負荷計算では、定格出力を求める。

常用出力 $(q_A + q_B) k_1$
連続して運転しているときの出力。

定格出力 $(q_A + q_B) k_1 k_2$
ボイラーを炊くとき、はじめにかかる負荷と配管から逃げる熱損失に対する安全率を掛けたもの。

【ボイラーの据付位置】

① 原則として、ボイラーの最上部から、天井（てんじょう）、配管、その他ボイラー上部にある構造物までの距離を1.2m以上とする。

② 原則として、ボイラーの外壁から壁、配管、その他ボイラーの側部にある構造物までの距離を0.45m以上とする。

③ ボイラーの設置場所に燃料を貯蔵するときは、ボイラーの外側から2m（固体燃料にあっては1.2m）以上離すこと。

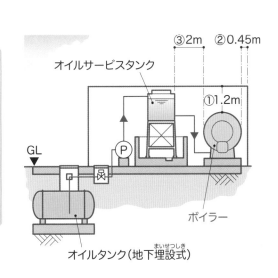

③2m　②0.45m

オイルサービスタンク

①1.2m

GL

ⓟ

ボイラー

オイルタンク（地下埋設式）（まいせつしき）

コンピュータによる空調負荷計算

●コンピュータを用いた空調負荷計算（非定常計算）

　本章で解説を行った空調負荷計算を、近年はコンピュータソフトを使用した自動計算で行うことが一般的となっています。これは各種数値をデータ化しつつ、条件に沿って入力する手法であり、省力化が図れる一方で、入力した数値が整合している必要があります。従って、本章で解説している内容と意味を十分に理解し、活用することが重要です。

　空調負荷計算には定常計算（室内外の温度条件が同じ）と非定常計算（室内外の温度条件が異なる）があり、通常は非定常計算で算定します。主として使用されているソフトにHASP※があり、これは建築空間の室温・室湿度や熱負荷を算出するとともに、空調に係るエネルギー消費量を評価することを目的として整備された代表的な熱負荷・空調システム計算プログラムです。

●空調負荷の動的負荷計算

　手計算では膨大（ぼうだい）な時間と労力が必要となるため、コンピュータソフトを使用した動的な負荷計算を導入することにより短時間で計算することが可能です。動的負荷計算とは、時間的に変化する外気温度・日射量・建物の蓄熱量（ちくねつりょう）などのデータを、現実に即した変動として処理する計算となります。

●その他の空調負荷計算ソフト

　最近では、ソフトウェア開発企業や空調換気の機器メーカーなどが空調負荷計算のソフトを販売、公開しています。

　なお、空調換気の機器メーカーの公開しているソフトは、主として自社の製品を販売することを目的としているため、計算結果により機器の選定も行えます。

【代表的な空調換気機器メーカの空調負荷計算ソフト】

・ダイキン工業株式会社のクラウド型空調設計支援システム「DK－BIM」

・三菱電機株式会社の「MEL－BIM（空調・換気）」シリーズ

※ HASP（Heating, Air-conditioning and Sanitary Engineering Program）

空気調和・衛生工学会のプログラム。1971年に開発された最初の非定常熱負荷計算プログラムで、その後、幾度かの改良を経て1980年に完成し公開され、インターネットによりダウンロードして使用することができる。

空欄の負荷計算表を用意しました。本章で行った負荷計算にならって、条件等を変えてご自身で計算してみましょう。

冷房負荷計算

室名 ＿＿＿＿＿＿＿＿＿＿＿＿　床面積 ＿＿＿＿＿＿＿

						①構造体からの負荷（顕熱）							
壁体	方位	幅	高さ	面積	熱貫流率	10時		12時		14時		16時	
		m	m	m²	W/(m²·K)	Δt	W	Δt	W	Δt	W	Δt	W
日射	方位	幅	高さ	面積	遮蔽係数	日射量	-	日射量	-	日射量	-	日射量	-
小計①													

②室内からの負荷（顕熱）					W	③室内からの負荷（潜熱）			W
人体	m²		人	W/人		人	W/人 ×		
隙間風	0.33 ×	m³/h	×	K	-	830 ×	m³/h ×	kg/kg(DA)	
蛍光灯	1.16 ×	m²	×	W/m²	-				
LED	2.5 ×	m²	×	W/m²					
その他									
小計②						小計③			

	10時	12時	14時	16時
④室内顕熱負荷合計（①+②）				
⑤全負荷（①+②+③）				
単位面積当たりの負荷（W/m²）				

暖房負荷計算

壁体	方位	方位係数	幅×高さ		面積	熱貫流率	温度差	W
			m	m	m²	W/(m²·K)	Δt	
全負荷								
単位面積当たりの負荷（W/m²）								

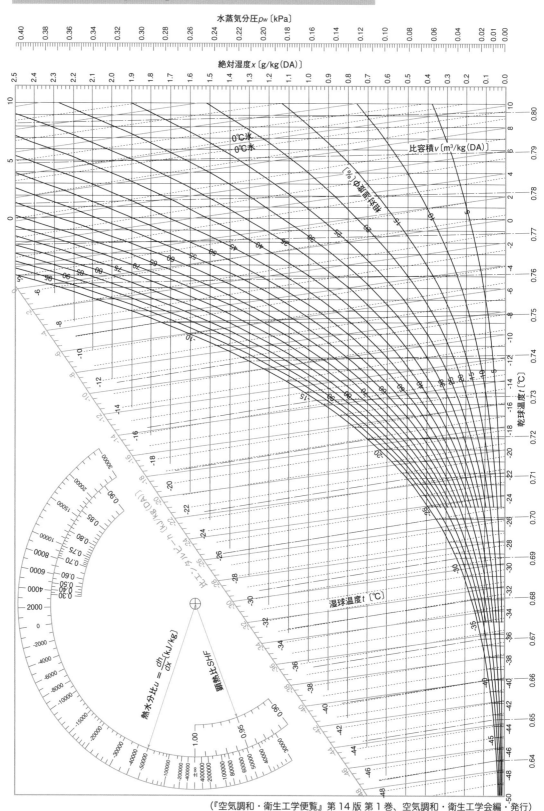

湿り空気h−x線図【低温用】（–50～＋10℃、標準大気圧101.325kPa）

（『空気調和・衛生工学便覧』第14版 第1巻、空気調和・衛生工学会編・発行）

例題の解答

● 144 ページ　　　$\Delta t = 0.4 \times (32 - 26) = 2.4$〔℃〕

● 146 ページ　　① 表2より、$1,000$〔m²〕$\times 0.2$〔人/m²〕$= 200$〔人〕

表1より $q_{ps} = 55$、$q_{pl} = 64$ で、$q_p = (55 + 64) \times 200 = 23,800$〔W〕

② 表3より、$C = 2.5$、$\varepsilon = 100$、表5より $E = 500$、表4より $K = 0.8$ で、

$$W = \frac{2.5 \times 500}{0.8 \times 100} \fallingdotseq 15.625 \text{〔W/m²〕} \qquad q_E = 2.5 \times 15.625 \times 1.0 \times 1,000 \fallingdotseq 39,063 \text{〔W〕}$$

● 148 ページ

室容積は、$1,000 \times 2.7 = 2,700$〔m³〕　　　換気量は、$2,700 \times 0.5 = 1,350$〔m³/h〕

$q_{is} = 0.33 \times 1,350 \times (22 - 0.6) \fallingdotseq 9,500$　　　$q_{il} = 830 \times 1,350 \times (0.0083 - 0.00133) \fallingdotseq 7,800$

$q_i = 9,500 + 7,800 = 17,300$〔W〕

● 150 ページ

（10時）　$q_w = 1.21 \times 100 \times 4 = 484$〔W〕　　　（12時）　$q_w = 1.21 \times 100 \times 6 = 726$〔W〕

（14時）　$q_w = 1.21 \times 100 \times 9 = 1,089$〔W〕　　　（16時）　$q_w = 1.21 \times 100 \times 10 = 1,210$〔W〕

● 154 ページ

① （10時）　$q_{GR} = 131 \times 0.63 \times (100 \times 0.85) \fallingdotseq 7,100$〔W〕

（12時）　$q_{GR} = 180 \times 0.63 \times (100 \times 0.85) \fallingdotseq 9,700$〔W〕

（14時）　$q_{GR} = 108 \times 0.63 \times (100 \times 0.85) \fallingdotseq 5,800$〔W〕

（16時）　$q_{GR} = 36 \times 1.0 \times (100 \times 0.85) \fallingdotseq 3,100$〔W〕

② $l_{GC} = 6.29 \times (32.6 - 26) \fallingdotseq 42$〔W/m²〕　　よって、$q_{GC} = l_{GC}A$　　$q_{GC} = 42 \times 100 = 4,200$〔W〕

● 160 ページ　　① $SHF = \dfrac{51,186}{51,186 + 8,000} \fallingdotseq 0.86$

② $Q = \dfrac{51,186}{0.33 \times (26 - 15)} \fallingdotseq 14,100$〔m³/h〕

● 162 ページ

① 125〔人〕$\times 20$〔m³/h・人〕$= 2,500$〔m³/h〕　　よって、$k = \dfrac{Q_F}{Q} = \dfrac{2,500}{14,000} \fallingdotseq 0.18$

② （夏期）　$h_m = 0.18 \times 84.0 + (1 - 0.18) \times 53.0 \fallingdotseq 58.6$〔kJ/kg（DA）〕

（冬期）　$h_m' = 0.18 \times 3.0 + (1 - 0.18) \times 43.0 \fallingdotseq 35.8$〔kJ/kg（DA）〕

● 164 ページ

（冷房時）　$t_d = t_r - \dfrac{q_s}{0.33Q} = 26 - \dfrac{51,186}{0.33 \times 14,000} \fallingdotseq 26 - 11.1 = 14.9$〔℃〕

（暖房時）　$t_d' = t_r' + \dfrac{q_s'}{0.33Q} = 22 + \dfrac{33,939}{0.33 \times 14,000} \fallingdotseq 22 + 7.4 = 29.4$〔℃〕

● 166 ページ

（冷房時）　$G\Delta h = 1.2 \times 14,000 (58.6 - 40.0) \times \dfrac{1,000}{3,600} \fallingdotseq 87,000$〔W〕

（暖房時）　$G\Delta h' = 1.2 \times 14,000 (51.0 - 35.8) \times \dfrac{1,000}{3,600} \fallingdotseq 71,000$〔W〕

● 168 ページ

① $q_{RM} = 87,000 \times 1.1 \fallingdotseq 100,000$〔W〕$= 100$〔kW〕

② $q_C = 1.3 \times 100,000 = 130,000$〔W〕$= 130$〔kW〕

③ 常用出力$= (71,000 + 20,000) \times 1.2 = 109,200$〔W〕　　定格出力$= 109,200 \times 1.25 = 136,500$〔W〕

Column 　高層ビルと超高層ビルの違いは？

　普段何気なく、高いビルのことを高層ビルとか、超高層ビルと呼んでいますが、どこでどう分かれているかよくわかりません。明確な定義はないのですが、次のような分け方をする場合があります。

　低いほうから順に、ビル、高層ビル、超高層ビルと分けています。高層ビルとは地上31m以上の建物を指します。ビルの1フロアーの階高は、だいたい3～4mですから、8階建てくらいになるともう高層ビルということになります。どうして31mかというと、これくらいの高さのビルが建て始められた当時、消防自動車のハシゴの届く限界が31mだったからと言われています。

　その上の超高層ビルは、60m以上の建築物（概ね20階建て）として、近年当たり前のように、設計・施工されています。

　それでは超高層ビルを超える高さのビルは、何と呼べばよいのか。もっと高いビルを追い求める意味も込めて、現在の超高層ビルを大きく超える高さのビルのことを「超々高層ビル」と呼んでみたいものです。

> 東京スカイツリーは超高層ビルではなく建築物となります。電波塔のような構築物（工作物：建物以外の人工物）でもなく建築物です。高さ634mの鉄骨に囲まれた部分が工作物であり、その内部にある471mの鉄筋コンクリート造の円筒部が建築物となります。

●近年竣工した超高層ビルの例

名称	所在地	高さ	階数	竣工年
麻布台ヒルズ森JPタワー	東京都港区	330m	64階	2023年
東急歌舞伎町タワー	東京都新宿区	225m	48階	2023年
麻布台ヒルズレジデンスA	東京都港区	237m	53階	2023年
住友不動産三田ガーデンタワー	東京都港区	215m	42階	2023年
虎ノ門ヒルズレジデンシャルタワー	東京都港区	220m	54階	2022年
JRゲートタワー	名古屋市中村区	220m	46階	2017年
あべのハルカス	大阪市阿倍野区	300m	60階	2014年

索引

参考文献

- 『空気調和・衛生工学便覧』第 14 版第 1、3 巻、空気調和・衛生工学会編・発行
- 『空気調和ハンドブック』改訂 5 版、井上宇市編、丸善出版
- 『管工事施工管理技術テキスト』改訂第 10 版、地域開発研究所編・発行
- 『空調・衛生設備 advice』四訂版、空気調和・衛生工学会編、新日本法規出版
- 『図解　建築設備の知識』改訂 3 版、建築設備の知識編集委員会編、オーム社
- 『建築設備公式活用ブック』改訂 2 版、山田信亮、井守敏行、曽我部繁、鈴木貞幸、小池道広著、オーム社
- 『わかりやすい冷凍空調の実務』改訂 3 版、石渡憲治原著、山田信亮、今野祐二、西原正博著、オーム社
- 『図解　給排水衛生設備の基礎　オールカラー』山田信亮著、ナツメ社
- 『図解　管工事技術の基礎』打矢瀅二、山田信亮、井上国博、中村誠、菊地至著、ナツメ社
- 『イラストでわかる　建築設備』山田信亮、打矢瀅二、中村守保、菊地至著、ナツメ社
- 『空調・衛生技術データブック』第 5 版、テクノ菱和編、森北出版
- 『空気調和設備計画設計の実務の知識』改訂 4 版、空気調和・衛生工学会編、オーム社
- 『設備のしくみを徹底解剖　空気調和「超」入門　熱負荷計算編』立田敏明著、オーム社
- 『絵とき　ビル設備基礎百科早わかり』改訂 2 版、設備と管理編集部編、オーム社
- 『ビル管理者のための空調・給排水の基礎知識』第 2 版、オーム社編、オーム社
- 『イラストで見る空調・給排水』空気調和・衛生工学会編、オーム社
- 『建築設備入門』柿沼整三、伊藤教子著、オーム社
- 『図解　建築設備工事用語事典』安藤紀雄監修、清水亨、瀬谷昌男、堀尾佐喜夫著、オーム社
- 『イラスト詳解　建築・設備工事現場用語』殿垣内恭平著、高橋正一画、オーム社
- 『図解　建築施工用語辞典』建築施工用語研究会編、井上書院
- 『改訂版　イラストでわかる空調の技術』田ノ畑好幸改訂監修、中井多喜雄、石田芳子著、学芸出版社
- 『建築設備学教科書』新訂第二版、建築設備学教科書研究会編著、彰国社

●著者
山田　信亮（やまだ　のぶあき）
昭和44年、関東学院大学工学部建築設備工学科卒業。1級建築士、建築設備士、1級管工事施工管理技士、他。現在、株式会社團紀彦建築設計事務所顧問。

打矢　瀅二（うちや　えいじ）
関東学院大学工学部建築設備工学科卒業。1級管工事施工管理技士、建築設備士、特定建築物調査資格者、他。現在、ユーチャンネル代表。

今野　祐二（こんの　ゆうじ）
昭和59年、八戸工業大学産業機械工業科卒業。建築設備士、空気調和衛生工学会設備士（空調・衛生）、2級建築士。現在、小山学園、専門学校東京テクニカルカレッジ環境テクノロジー科科長。

加藤　諭（かとう　さとし）
専門学校東京テクニカルカレッジ環境システム科卒業。1級管工事施工管理技士、他。現在、とらい・あんぐる　加藤設計、読売理工医療福祉専門学校講師。

●イラスト
菊地　至（きくち　いたる）
平成14年、東京工科専門学校建築科夜間卒業。商業施設設計施工会社、住宅設計事務所を経て、主に建築関連書籍のイラストレーター、ライターとなる。

本書に関するお問い合わせは、書名・発行日・該当ページを明記の上、下記のいずれかの方法にてお送りください。電話でのお問い合わせはお受けしておりません。
・ナツメ社 webサイトの問い合わせフォーム
https://www.natsume.co.jp/contact
・FAX（03-3291-1305）
・郵送（下記、ナツメ出版企画株式会社宛て）
なお、回答までに日にちをいただく場合があります。正誤のお問い合わせ以外の書籍内容に関する解説・個別の相談は行っておりません。あらかじめご了承ください。

編集担当――山路和彦（ナツメ出版企画）　　編集協力――持丸潤子

図解 空調設備の基礎 オールカラー

2024年6月3日　初版発行

著　者　山田信亮　©Yamada Nobuaki, 2024
打矢瀅二　©Uchiya Eiji, 2024
今野祐二　©Konno Yuji, 2024
加藤 諭　©Katou Satoshi, 2024
イラスト　菊地 至　©Kikuchi Itaru, 2024
発行者　田村正隆
発行所　株式会社ナツメ社
東京都千代田区神田神保町1-52 ナツメ社ビル1F（〒101-0051）
電話　03（3291）1257（代表）　FAX　03（3291）5761
振替　00130-1-58661
制　作　ナツメ出版企画株式会社
東京都千代田区神田神保町1-52 ナツメ社ビル3F（〒101-0051）
電話　03（3295）3921（代表）
印刷所　ラン印刷社

ISBN978-4-8163-7551-4　Printed in Japan
〈定価はカバーに表示してあります〉〈落丁・乱丁本はお取り替えいたします〉